中国社会科学院国有经济研究智库 2020—2021 重点课题
"国有企业在构建新发展格局中的作用研究"资助成果

"国有企业与构建新发展格局"研究丛书

主编◎黄群慧 刘国跃

新发展格局下的国有企业使命

The Mission of State-owned Enterprises
in the New Development Pattern

黄群慧 张弛 等著

中国社会科学出版社

图书在版编目（CIP）数据

新发展格局下的国有企业使命 / 黄群慧等著 . —北京：中国社会科学出版社，2022.8

（"国有企业与构建新发展格局"研究丛书）

ISBN 978 – 7 – 5227 – 0078 – 6

Ⅰ. ①新…　Ⅱ. ①黄…　Ⅲ. ①国有企业—企业改革—研究—中国　Ⅳ. ①F279.241

中国版本图书馆 CIP 数据核字（2022）第 061748 号

出 版 人	赵剑英
责任编辑	王　曦
责任校对	刘　娟
责任印制	戴　宽

出　　版	中国社会科学出版社
社　　址	北京鼓楼西大街甲 158 号
邮　　编	100720
网　　址	http://www.csspw.cn
发 行 部	010 – 84083685
门 市 部	010 – 84029450
经　　销	新华书店及其他书店

印刷装订	北京君升印刷有限公司
版　　次	2022 年 8 月第 1 版
印　　次	2022 年 8 月第 1 次印刷

开　　本	710 × 1000　1/16
印　　张	11.5
插　　页	2
字　　数	139 千字
定　　价	66.00 元

"国有企业与构建新发展格局"研究丛书
编委会

代　序

新发展阶段的国有企业新使命

全面建成小康社会、实现第一个百年奋斗目标之后，我国乘势而上开启了全面建设社会主义现代化国家新征程、向第二个百年奋斗目标进军，这标志着我国进入了一个新发展阶段。进入新发展阶段，需要完整准确全面贯彻新发展理念，加快构建新发展格局。进入新发展阶段、贯彻新发展理念、构建新发展格局，是由我国经济社会发展的理论逻辑、历史逻辑、现实逻辑决定的。进入新发展阶段明确了我国发展的历史方位，贯彻新发展理念明确了我国现代化建设的指导原则，构建新发展格局明确了我国经济现代化的路径选择。

在中华民族从站起来、富起来到强起来的伟大复兴历程中，国有企业作为壮大国家综合实力、推进国家现代化建设和保障人民共同利益的重要力量，在党执政兴国和中国社会主义国家政权的经济基础中起到了支柱作用，为我国经济社会发展、科技进步、国防建设、民生改善做出了历史性贡献，功勋卓著，功不可没。现在，我国进入了从站起来、富起来到强起来历史性跨越的新发展阶段，面对在新发展理念指导下加快构建新发展格局的这个重大现代化战略和路径，国有企业需要明确自己在新发展阶段如何服务构建新发展格局这个新的历史使命。

新中国成立以后，计划经济体制下国有企业承担了社会主义经济建设的绝大部分任务，为中国人民"站起来"做出了巨大贡献，但受体制机制约束，企业活力没有得到有效发挥，这也制约了中国经济整体实力提升；改革开放以来，国有企业通过深化改革逐步成为市场经济主体，一方面为建设社会主义经济体制、探索社会主义与市场经济体制的有机结合发展做出了贡献，另一方面也促进了中国人民"富起来"、中国经济实力的巨大提升和为社会主义发展奠定了雄厚的物质基础。在新发展阶段，社会主义市场经济体制日益成熟，国有企业日益适应市场经济体制，国有企业改革发展已经取得了巨大成就，国有企业具备了为构建新发展格局做出巨大贡献的更为充分的条件。

回顾国有企业改革发展的历史，从传统计划经济体制下向社会主义市场经济体制下转型过程中，国有企业改革历程可以划分为1978年到1992年的"放权让利"时期，1993年到2002年的"制度创新"时期，2003年到2012年的"国资监管"时期，以及2013年到2020年新时代的"分类改革"时期，这四个时期分别对应了不同形势下的改革任务，各自侧重于解决不同层面的困扰改革的主要矛盾和问题，但其主线应该是解决计划经济体制下的国有企业如何适应社会主义市场经济体制要求——国有企业从计划经济体制下的附属逐步改革为社会主义市场经济体制下的市场主体。在社会主义条件下发展市场经济，将社会主义与市场经济体制结合是中国共产党的伟大创造。而不断深化国有企业改革，是建设和完善社会主义市场经济体制的关键。这也就是为什么国有企业改革一直是中国经济体制改革的中心环节的重要原因。回顾改革开放以来国有企业改革发展的历史过程，我们可以认为其改革发展的主导逻辑是如何使国有企业适应市场化的要求，使国有企业成为市场经济体制下的充满活力的市场主体。

应该说，经过改革开放40多年，尤其是新时代以来全面深化改革和2019年开始实施"国有企业改革三年行动方案"，无论是社会主义市场经济体制，还是中国特色现代企业制度和国资监管体制，都在更加成熟和更加定型上取得了明显成效，国有企业与市场经济体制正逐步实现有机融合，基本奠定了社会主义基本经济制度的微观制度基础。从这个意义上，改革开放以来国有企业基于市场化导向的改革发展逻辑已经取得了重大成就。进入新发展阶段，面对加快构建新发展格局的重大使命要求，我们需要思考在继续推进市场化改革、进一步完善体制机制基础上，国有企业改革发展新逻辑。按照党的十九届四中全会精神要求，我国还必须持续推进治理体系和治理能力现代化，到2035年基本实现国家治理体系和治理能力现代化，2050年全面实现国家治理体系和治理能力现代化。这对应到国有企业改革上，要求到2035年中国特色现代企业制度和中国特色现代国资监管体制更加完善，2050年中国特色现代企业制度和中国特色现代国资监管体制更加巩固、优越性充分展现。这需要在评估"国有企业改革三年行动方案"基础上，继续深化改革，按照 2035 年和 2050 年的阶段性目标进一步完善中国特色现代企业制度和现代国资监管体制。

在新发展阶段，不仅需要继续深化改革，更需要明确国有企业改革发展的重大使命，我国国有企业需要建立基于使命导向的改革发展逻辑。使命是企业组织存在的理由，使命决定战略，企业组织基于战略进行有效运作，在市场中计划运筹、组织协调各种资源，最终实现自己的使命，这是企业组织运行的基本逻辑。在市场经济条件下，如果仅仅把企业作为一个具有"经济人"特性、追求经济利益最大化的组织，企业就很难做大做强做久。卓越的企业从来不是仅仅把盈利作为自己组织的使命或者目标，盈利只是企业发展的手段，企业必须有为社会进步做出自己贡献的崇高使命。对于中国国有企业而言，更是应该把实现中华民族伟大复兴作为自己组织的根本使命，这是国家出资设立国有企业的最基本要求，也是国有企业存在的理由。在新发展阶段，国家的重大战略是贯彻新发展理念、加快构建新发展格局。因此，国有企业为加快构建新发展格局而贡献力量，成为新发展阶段国有企业的重大使命。在新发展阶段，基于使命导向的国有企业改革发展逻辑，本质上要求国有企业在构建新发展格局中寻求自己的具体定位和发展使命。

第一，国有企业要以促进国家高水平的科技自立自强为使命。构建新发展格局最本质的特征是实现高水平的自立自强，而自立自强的关键在于科技的自主创新。在新发展阶段，创新在我国现代化建设全局中处于核心地位，国有企业聚集了国家最重要的科技创新资源，代表了国家最重要的战略科技力量，必须以促进国家高水平科技自立自强为使命，国有企业尤其是中央企业要将原创技术的策源地作为企业的根本定位。

第二，国有企业要以提升产业链供应链治理能力为使命。从供给侧看，产业基础能力薄弱和产业链供应链现代化水平低是制约我国经济高质量发展的突出短板，提高我国产业基础能力和产业链供应链水平是构建新发展格局的关键着力点。从国际经济循环角度看，中国企业在全球价值链中分工地位还处于中低环节，对全球价值链治理还缺少话语权；从国内经济循环角度看，总体上国有企业尤其是中央企业在产业链供应链中处于中上游地位，对产业链供应链具有一定的控制能力，但这种能力主要是基于资源导向的，还主要不是基于创新导向的。在未来构建新发展格局中，国有企业要成为真正意义上基于创新能力的产业链供应链的"链主"。

第三，国有企业应以促进共同富裕为使命。共同富裕是社会主义的本质要求，是中国式现代化的根本特征。在新发展阶段，国有企业应更加积极地履行社会责任，应积极思考如何更好地完善收入分配体系，健全国有企业内部激励分配机制，合理参与社会收入再分配体系，在正确处理国家、企业和个人之间的分配关系上形成国企样板，为实现共同富裕贡献积极力量，相关国资国企监管机制应充分适应这方面的要求。

第四，国有企业发展应在促进高水平开放中以打造世界一流企业为使命。构建新发展格局，需要形成以国内大循环为主体、国内国际双循环相互促进的新局，这要求实行高水平对外开放，既要持续深化商品、服务、资金、人才等要素流动型开放，又要稳步拓展规则、规制、管理、标准等制度型开放，既要加强国内大循环在双循环中的主导作用，又要重视以国际循环提升国内大循环的效率和水平，塑造我国参与国际合作和竞争新优势。这个高水平对外开放过程又恰是我国国有企业打造世界一流企业所要求的，世界一流企业需要在国际竞争中逐步成长起来。在新发展阶段，国有企业要更好地参与新形势下的国际经贸合作，积极应对区域贸易协定、贸易合作组织对于国有企业的质疑和挑战，在共建"一带一路"、参与 CPTPP 协定、完成"碳中和"目标等问题上发挥国有企业的应有作用，在国内国际双循环中打造世界一流企业。

第五，国有企业发展应以促进实体经济创新发展为使命。近些年中国经济总体上呈现"脱实向虚"的趋势，一定程度上出现了过快和过早"去工业化"问题，这十分不利于我国经济高质量发展，不利于我国经济安全。一定要坚持把发展经济的着力点放在实体经济上，"十四五"时期要保持制造业比重基本稳定，巩固壮大实体经济根基，是我国构建新发展格局、经济高质量发展的基本政策导向和要求。中央企业是我国实体经济的顶梁柱和制造强国建设的主力军，必须在推进实体经济创新发展上大有作为。

立足新发展阶段，从国有企业的使命与定位来看，国有企业必须以中华民族的伟大复兴为己任，服务于中华民族伟大复兴的战略全局，在社会主义现代化新征程中为构建新发展格局发挥关键作用，成为现代化经济体系的重要市场主体，积极推动和适应经济的高质量发展，围绕"强起来"的使命要求，国有企业应坚持贯彻新发展理念、走高质量发展之路，在高水平自立自强、提升产业链现代化水平、推进共同富裕、畅通经济循环等重大战略中发挥引领和支撑作用。

基于上述认识，中国社会科学院国有经济研究智库2021年立项课题"国有企业在构建新发展格局中的作用研究"，由中国社会科学院经济研究所和国家能源集团合作主持，经过一年的研究，取得了丰硕的成果，本丛书就是这些成果的一个集中体现。因为国有企业在构建新发展格局中的作用是一个全新的重大问题，还需要持续深入研究，本丛书也只是一项初步探索，期望能够抛砖引玉，请大家批评指正。

黄群慧

中国社会科学院经济研究所所长

中国社会科学院国有经济研究智库主任

目　录

第一章

导 论

　　国有企业（state-owned enterprise）一般被认为是由政府所有和控制的企业。国有企业概念的产生是基于所有制来划分企业的结果。所有制问题是马克思主义政治经济学的基本理论问题，生产资料公有制是社会主义制度的内在要求，国有企业是生产资料公有制的基本制度安排。从马克思主义政治经济学来看，生产资料所有制是生产关系的核心，决定着社会的基本性质和发展方向。但对于资本主义条件下，国有企业也在一定范围存在，国有企业承担了特定的功能和使命。我国处于社会主义初级阶段，公有制为主体、多种所有制共同发展的基本经济所有制制度，是与我国当前生产力发展水平相适应的，改革开放以来中国经济发展的巨大成就充分体现了这种制度的优越性。习近平总书记指出，我国国有企业是中国特色社会主义的重要物质基础和政治基础，为我国经济社会发展、科技进步、国防建设、民生改善作出了历史性贡献，功勋卓著，功不可没。在中国共产党领导和我国社会主义制度下，国有企业和国有经济必须不断发展壮大。[①]

第一节 关于国外国有企业的功能与使命

从国外政府对国有企业的功能定位看[②]，一直以来西方市场经济国家基本上将国有企业定位于解决市场失灵、弥补市场缺陷。但是一些研究表明，越来越多的西方市场经济国家也倾向于将国有企业功能定位于支持国家经济和战略利益。根据OECD组织2018年的报告，[③] 阿根廷、智利、芬兰、德国、比利时、捷克、爱沙尼亚、匈牙利、爱尔兰、立陶宛、荷兰、韩国、挪威、波兰、葡萄牙、希腊、拉脱维亚、斯洛文尼亚、立陶宛、瑞典、瑞士、加拿大、以色列、意大利、日本、墨西哥、新西兰、斯洛伐克、土耳其、英国30个国家将国有企业功能定位分为以下几个方面：（1）支持国家经济和战略利益；

[①] 中共中央宣传部、国家发展和改革委员会：《习近平经济思想学习纲要》，人民出版社、学习出版社2022年版，第73—74页。

[②] 国有企业功能（定位）和国有企业使命（要求）二者虽然经常混用，但一般而言，国有企业功能或者功能定位，往往是从国家宏观经济视角来描述国家设立国有企业的目的和要求，是政府对企业的定位，或者是对国有资本功能定位、国有经济功能定位的企业组织承载；而谈国有企业使命则更多是从国有企业微观组织视角来说明企业组织的目标和存在的原因，是企业按照政府要求来承担的组织功能或者目标任务。但在本书中很多情况下是并列使用的，可以理解为从微观组织和宏观经济两个视角一起强调。

[③] OECD（2018）：Ownership and Governance of State-owned Enterprises：A Compendium of Nations Practices.

（2）保证国家持续持有国有企业产权；（3）提供特定的公共产品或者服务（确认市场不能提供相同的商品或者服务）；（4）从事"自然"垄断的业务活动；（5）在市场监管不可行、效率不高的情况下，建立或者维持国有垄断（或者寡头垄断）。

　　如图 1-1 所示，调查表明，这 30 个国家中有 15 个国家将国有企业基本功能定位于支持国家经济和战略利益，11 个国家将国有企业功能定位于提供特殊公共物品或服务。也就是说，有一半国家将其国有企业功能定位于服务国家经济和战略利益，而不仅仅是提供公共物品等弥补市场失灵的功能。国家战略一般是指在一定阶段内一个国家发展的方向、目标和主要方式，许多国家在不同发展阶段针对不同领域都会提出其发展目标，实质上就是国家战略。政府为发展国家生产力和竞争优势，在基础设施、公共服务、工业体系、国际贸易、技术升级、产业发展、能源资源、国防军事等多方面都会提出相应的目标、政策和行动。为了实现这些目标，除了出台一系列财政政策、货币政策等之外，往往还通过国有企业直接推动目标实现。从发达国家的历史来看，国有企业一直都发挥了重要的战略承载作用，比如落实产业政策和经济赶超战略、弥补市场失灵、保障经济安全等。

　　在发达国家，国有企业承载的国家战略的使命一般包括以下几个方面。第一，公共服务提升战略。公共服务及基础设施领域存在潜在的市场失灵，不完全具备民营化条件，因此多由国有企业承担相应职能。以法国电力公司为例，在 2005 年 10 月上市前与政府签订的《公共服务合同》中，政府明确提出要

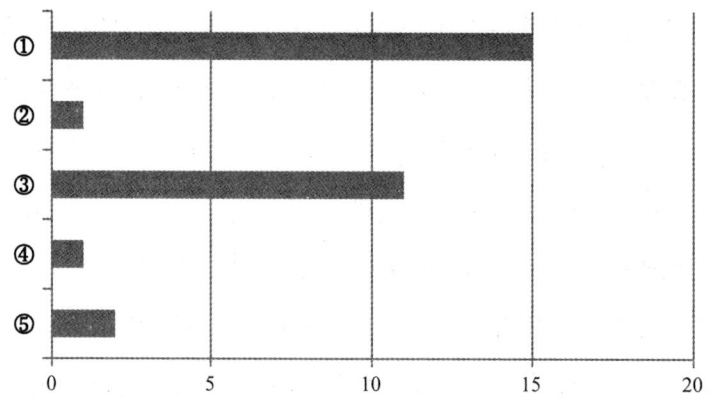

图 1 - 1　不同国家的国有企业功能定位

注：①支持国家经济和战略利益；②保证国家持续持有国有企业产权；③提供特定的公共产品或者服务（确认市场不能提供相同的商品或者服务）；④从事"自然"垄断的业务活动；⑤在市场监管不可行、效率不高情况下，建立或者维持国有垄断（或者寡头垄断）

资料来源：OECD（2018）：Ownership and Governance of State-owned Enterprises：A Compendium of Nations Practices。

求"保持电价低廉""保持电价稳定""让最拮据的居民都能用上电"三项要求，法国电力公司则承诺将保障电力供应的安全和发电设施的安全、保障弱势群体用电、加强输配电网投资等。第二，产业结构升级和产业组织调整战略。产业结构升级和产业组织调整需要提出产业结构长期规划、选择与培育主导产业、保护幼稚产业，从而促进主导产业振兴并进一步促进产业结构优化升级。例如，日本致力于在第六代通信技术上取得先导优势，于2020年4月和6月先后发布全球首个以6G作为国家发展目标和倡议的6G技术综合战略计划纲要和路线图。

日本电报电话公司从 2018 年左右便开始积极布局 6G 技术研发，尤其是在 150GHz 频段芯片及设备的开发领域提前部署，助力本国提升国际标准主导权。2019 年 10 月，公司成功试生产出通过光运行的芯片，能耗只相当于传统芯片的百分之一，同时通过与索尼、英特尔合作加速芯片量产进程。第三，科技创新研发战略。美国是在工业化中后期长期将科技创新作为国家经济发展战略的代表国家，综合采用研发资助、低息贷款、贷款担保、政府采购等措施，对通用技术研发、高技术创业、先进技术产业化、科技成果转化以及小企业创新服务体系建设等市场失灵的领域发挥作用，以巩固提升美国的综合竞争优势。早在 20 世纪 50 年代，美国联邦政府就开始对半导体技术研发及产品改善进行大规模投资。根据美国国防部报告，美国联邦政府以直接和间接的方式对半导体技术研发的资助约占该产业研发投资总额的四分之一，美国联邦政府为提高半导体技术水平和改善产品质量的直接投资额大致相当于当年半导体行业总产出的 20.54%。第四，全球资源整合与利用战略。由于资源在全球范围内配置，商品、货物和劳务在全球范围内交换，基于全球地理空间内整合和利用资源有利于打破要素禀赋差异所形成的比较优势。例如日本政府十分重视全球资源的整合与利用，通过政府金融机构和大型商业银行为本国跨国公司提供各种形式的优惠贷款和资金支持。日本政府给银行提供充足的资本金、准备金和营运资金及稳固的业务融资渠道，这些低成本的资金来源既规避了有关补贴的国际规则，又有利于防范风险，而且政府还给予政策性银行免税优惠。

从发达国家实现国家战略的经验来看，国有企业承载国家战略使命是一种普遍现象，在发达国家历史上发挥了重要的战略作用。国家战略实施和企业商业考虑不是矛盾对立的关系，发达国家政府一般通过向企业提供资金支持、税收优惠、采购便利、技术信息人才支撑等方式来帮助企业实现国家战略，弥补企业因承担国家战略的经营行为而可能发生的亏损。发达国家政府还通过"一企一法"明确监管事项、监督考核企业表现、基于业务合作关系引导企业等方式来引导企业有效落实国家战略。

第二节　关于中国国有企业的功能与使命

中国是中国共产党领导的社会主义国家，公有制经济是全体人民的宝贵财富，公有制主体地位不能动摇，国有经济主导作用不能动摇。这是保证我国全体人民共享发展成果的制度性保证，也是巩固党的执政地位、坚持我国社会主义制度的重要保证。作为体现公有制主体地位的基本制度安排和国有经济的重要企业组织载体，在中国经济社会发展中发挥独特的和至关重要的功能作用。国有企业是中国特色社会主义的重要物质基础和政治基础，是壮大国家综合实力、推进国家现代化建设和保障人民共同利益的重要力量，在党执政兴国和中国社会主义国家政权的经济基础中起支柱作用，为中国经济社会发展、科技进步、国防建设、民生改善作出了历史性贡献，功勋卓著，功不可没。因此，从国有企业的功能和作用看，任何怀疑、否定或唱衰国有企业的思想，或者是不要国有企业、搞小国有企业的说法、论调都是错误的、片面的。

我国经济体制改革的目标是发展社会主义市场经济，一直在坚持和完善以公有制为主体、多种所有制经济共同发挥作用的基本经济制度。社会主义市场经济体制是社会主义制度与市场经济制度的结合，这种制度背景下我国的国有企业，既要有一般的市场经济体制国家的共性，也要有中国特色社会主义国家的特性，再加之我国又是渐进式市场经济转轨国家，也有渐进式改革国家的特性。从企业理论上说，一个企业的功能定位来自其使命定位，使命就是企业存在的理由，是企业的价值取向和事业定位，使命不明确或者使命冲突会导致企业行为逻辑混乱。对于国有企业而言，就要实现国家赋予的使命——"国家使命"是国有企业生存发展的理由。因此，我国社会主义市场经济体制下的国有企业应该具有三种国家使命："社会主义国家使命""一般市场经济国家使命""市场经济转轨国家使命"，针对这三种"国家使命"，国有企业相应的有三类功能定位："体现公有制主体功能""弥补市场失灵功能""培育市场主体功能"。

一是"体现公有制主体功能"。在社会主义国家，国有企业是公有制的主要体现形式之一，习近平总书记也指出"国有企业是中国特色社会主义的重要物质基础和政治基础"，因此在社会主义国家，国有企业必须体现出主导与控制事关国计民生的基础产业、支柱产业、战略产业的定位，以及承担支持科技进步、保障国家经济安全等功能。正如党的十八届三中全会指出"国有资本投资运营要服务于国家战略目标，更多投向关系国家安全、国民经济命脉的重要行业和关键领域，重点提供公共服务、发展重要前瞻性战略性产业、保护生态环境、支持科技进步、保障国家安全"。但是，还需要强调说明的是，国有企业"体现公有制主体"的定位，既与传统社会主义计划经济体制下国有企业的定位不同，也与上述一般西方市场经济国家"支持国家经济和战略利益"的国有企业功能定位不同。一方面，与传统的社会主义计划经济体制相比，我国社会主义市场经济既要坚持公有制主体，又要多种所有制共同发展，既要毫不动摇巩固和发展公有制经济，又要毫不动摇鼓励、支持、引导非公有制经济发展。因此，这意味着我国社会主义市场经济体制下国有企业承担"体现公有制主体"的功能时，国有企业需要主导和控制的是国民经济具有战略性、安全性、基础性等行业，而对于绝大多数可竞争的行业、领域和环节，国有企业是要与非国有企业进行公平竞争的，在公平竞争中做强做优做大；另一方面，与一般西方市场经济体制国家相比，我国国有企业是"体现公有制主体"的功能定位，这要求国有企业必须保持一定的数量和比例、不断发展壮大，坚持国有资产保值增值、放大国有资本功能、提高国有经济竞争力的改革发展目标。而西方市场经济国家定位于支持国家经济和战略利益的国有企业数量很少，其功能定位一般都十分具体并以严格的法律法规进行明确：国有企业的设立和终止一般要有明确的法律根据，而且要围绕着其功能定位进行公开信息披露。

二是"弥补市场失灵功能"。一般市场经济国家普遍面临市场失灵问题，所谓市场失灵是指市场机制在某些领域不能使社会资源的配置达到帕累托最优状态，包括自然垄断、公共产品、存在外部性和信息不完全等领域。由于市场经济无法达到最优的资源配置，就需要国家对市场经济进行干预，以达到优化资源配置的目的。也就是说，相对于市场而言，政府在纠正自然垄断、矫正外部效应、提供公共物品、实现区域协调发展、保证收入公平分配、平抑经济周期等方面具有更大的优势和作用，而国有企业则是政府承担这一职能的重要载体，国家或政府通过举办国有企业、发展国有经济的手段实现政府干预市场、弥补市场失灵目的。

三是"培育市场主体功能"。对转轨经济国家，尤其是渐进式改革的转轨经济国家，其转轨过程是由大一统的国有经济结构向混合所有经济结构的演进。在传统的计划经济体制下，这类国家并没有真正的市场经济主体——企业，改革的过程是将国有企业转化为自主经营、自负盈利、自我约束、自我发展的真正的市场主体，也就是培育市场主体的过程。同时，随着民营经济的兴起和外资企业的进入，市场经济主体逐步丰富，混合所有制的经济结构逐步形成。转轨经济国家需要国有经济承担逐步发展独立的市场经济主体的功能，作为独立市场主体的国有企业，要积极应对市场的激烈竞争，在竞争中通过追求盈利来实现国有资产保值增值，回报国家这个所有者代表。

上述国有企业的三种功能定位具有动态性，随着经济发展阶段发展和改革进程深入，这三类功能定位的具体内涵会有变化。例如，在不同的经济发展阶段国家的战略性、支柱性产业是不同的，在工业化中期，重化工是支柱产业，国有企业需要大量进入，但是到了工业化后期，高技术产业是经济发展的战略性产业，国有企业需要把国有资本从重化工领域退出更多地进入高技术产业中，这就意味着国有经济需要与时俱进地进行战略性调整。而且需要明确的是，承担着三类功能的国有企业，可以基于功能定位不同而对国有企业进行分类，新时代以来中国国有企业分类改革将国有企业分为商业二类、商业一类、公益类等不同类型，大体可以与上述三类功能定位对应。

中国特色社会主义进入新时代，中国现代化建设事业也进入到新发展阶段，围绕着上述国有企业功能定位，具体而言，国有企业要在企业使命方面从以下几个角度与国家战略同频共振。

一是国有企业是发展实体经济和发展制造业的生力军、主力军。中国是个大国，必须始终高度重视发展壮大实体经济，做强实体经济，不能走单一发展、脱实向虚的路子。制造业是实体经济的重要组成部分。国有经济是在实体经济中攻坚克难和打硬仗的主力，一定要把制造业搞好。

二是国有企业是创新驱动发展战略的实施者。中国是工业大国，但还不是工业强国。中国要实现从工业大国向工业强国的转变、实现从高速增长向高质量发展的转变，必须靠创新驱动来实现转型升级，通过技术创新、产业创新，在产业链上不断由中低端迈向中高端。国有经济作为重要创新力量，要坚持把发展基点放在创新上，切实提高自主创新能力、特别是"卡脖子"的关键核心技术创新能力，不断优化创新机制，努力赢得全球科技竞争主动权，推动我国科技跨越发展、产业优化升级、生产力整体跃升。

三是国有企业是绿色发展方式的推动者。国有经济在生态环境保护建设上，要树立大局观、长远观、整体观，强化"绿水青山也是金山银山"的意识，坚持尊重自然、传承历史、绿色低碳的绿色发展理念，坚持贯彻节约资源和保护环境的基本国策，要摒弃以牺牲生态环境为代价换取一时一地经济增长的做法。国有经济发展，不仅要追求经济目标，还要追求生态目标、人与自然和谐的目标，要从向绿色发展方式转变、环境污染综合治理、自然生态保护修复、资源节约集约利用等方面入手，全方位、全地域、全过程将国有经济发展与生态环境保护协调一致起来。

四是国有企业是公共服务和民生领域的保障者，要为推进共同富裕发挥重要作用。公共服务和民生领域，与人民群众生产生活关系密切。长期以来，国有经济在商品供应、医药健康、公共事业等大量民生领域提供了丰富的产品和服务，在保障供给安全和改善民生方面发挥了重要作用。进入中国特色社会主义新时代，广大人民群众对高质量的公共服务和民生产品服务，提出了更高的要求。国有经济要加大公共服务和民生领域的投入，针对医疗教育、养老托育、城市基础设施、公共应急等公共服务与民生的"短板"，发挥更加有效的保障功能。

五是国有企业是重大区域发展战略的服务者。国有经济是服务重大区域发展战略的重要主体，积极参与和支持了"一带一路"倡议、西部大开发、东北振兴，推进京津冀地区协调发展、加快雄安新区建设，粤港澳大湾区与海南自由贸易港建设，长江经济带、黄河流域生态保护和环境治理等战略任务。未来，国有经济要在构建区域产业生态、引导要素资源流动、补齐短板不足等方面发挥更大的作用。

六是国有企业是打造国内国际"双循环"新发展格局的重要参与者。当前世界经济形势严峻复杂，中国需要集中力量办好自己的事。国有经济要强化扎根中国、服务中国、惠及世界的理念，以实际行动助力中国逐步形成以国内大循环为主体、国内国际"双循环"相互促进的新发展格局。

国有企业要实现上述使命，关键是以持续的结构调整，促进国有资本布局动态合理配置。推动国有资本向保障国家安全和国民经济命脉的重要行业领域、前瞻性战略性产业以及公共服务领域集中，在这些关键性的产业领域发挥更加突出的主体性功能作用；同时，加快自然垄断行业国有经济的非垄断环节的市场化改革，促进充分竞争性行业国有经济的有序流动和合理配置。第一，在国防军工、能源资源、粮食供应、数字经济基础设施等关系国家安全和国民经济命脉的重要行业领域，要适应国际政治经济形势变化，进一步加大国有资本的投入和布局力度，增强国有经济的控制力和影响力，切实维护国家战略安全；第二，在前瞻性战略性领域及"卡脖子"的关键核心技术领域，要适应未来科技变革方向，加快建立健全创新体制机制，更好发挥国有资本对创新活动的基础性、支撑性和引领性作用，培育有能力参与国际科技前沿竞争合作的创新力量；第三，在城市基础设施、养老托育、医疗教育等公共服务领域，国有企业要围绕人民群众最关心、最直接和最现实的生产与生活问题，创新服务方式，扩大供给规模、优化服务内涵、提高服务质量与服务水平。第四，在电力、油气管网、铁路、邮政等自然垄断行业，要按照构建更加完善的要素市场化配置体制的要求，进一步深化以政企分开、政资分开、放松准入为主要内容的改革，促进国有企业加快非垄断环节的市场化改革，进一步提高自然垄断行业产品与服务的供给质量。第五，在充分竞争行业领域，依托市场竞争机制实现优胜劣汰，按照提质增效的要求，强化经营风险防控，动态退出不具备竞争优势的领域，促进国有资本合理布局和有序流动。

第三节　关于中国国有企业的改革发展

新中国成立以后，国家开始对农业、手工业和资本主义工商业的社会主义改造。1956 年，中国基本上完成了对生产资料私有制的社会主义改造，基本实现了生产资料公有制和按劳分配，建立起社会主义经济制度。第一个五年计划完成后，中国建成较为完整的国民经济体系，夯实了社会主义经济基础——公有制经济占国民经济比重达到 95% 以上。其中，国有经济虽然只占国民经济 30% 多，但已经控制了国家经济命脉，掌握关系国计民生的重要行业产业，成为国家经济建设最重要的力量。特别是，建成了一批过去没有的工业企业，包括飞机、汽车、发电设备、重型机器、新式机床、精密仪表、电解铝、无缝钢管、合金钢、塑料、无线电等，而这些行业领域的企业也都是国有企业。中国逐步形成了高度集中的计划经济体制，在所有制结构上是公有制经济一统天下，在企业形态上公有制主要表现为国营企业和集体企业等。

在计划经济体制下，没有"国有企业"这个概念，一直采用的就是"国营企业"。1986年《中华人民共和国民法通则》在法律上采用了"全民所有制企业"称谓"国营企业"。1992年10月党的十四大报告提出了"国有企业"概念，1993年八届全国人大第一次会议通过宪法修正案将所有"国营企业""国营经济"等用语全国修改为"国有企业""国有经济"。"国有"这个用语只表明这类企业和经济的所有权属性，是国家"所有"的企业和经济，国家所有就是国家代表全民行使所有权。

1978年以后，中国开始推进改革开放，国有企业改革一直是我国经济体制改革的中心环节。40多年中国国有企业改革历程，大致可以划分为1978年到1992年的"放权让利"时期、1993年到2002年的"制度创新"时期、2003年到2012年的"国资监管"时期①、2013年至2020年的新时代"分类改革"四个时期。这四个时期分别对应了不同形势下的改革任务，各自侧重于解决不同层面的困扰改革的主要矛盾和问题。

---

① 黄群慧、余菁：《新时期新思路：国有企业分类改革与治理》，《中国工业经济》2013年第11期。

在经过放权让利、股份制改革、建立现代企业制度、国有经济战略性调整、深化国有资产管理体制改革等一系列重大改革后，国有企业发展取得了巨大成就，极大地支撑了我国社会主义事业发展、推进我国的现代化进程。

国有企业改革是指从计划经济体制下向社会主义市场经济体制转轨背景下国有企业制度变革，这涉及政企关系、产权关系、企业治理体制、企业内部组织管理制度等各方面变革，国有企业改革的基本动机在于如何提高国有企业市场效率。国有企业改革不能仅仅理解为企业层面的变革，国有企业改革必然涉及国有资本布局、国有经济重组和整体经济所有制结构变化。这意味着，国有企业改革是一个非常复杂的问题，有关国有企业改革的理论和实践很难归结为经济学中的具体某个学科或者某个理论分支。因为从计划体制向市场体制转轨是国有企业改革的背景，国有企业改革可以作为转轨经济学的一项重要内容；国有企业改革的核心内涵是企业制度的变化，在很多情况下制度经济学的企业理论又被对应到国有企业制度创新上；而从所有制视角看，国有企业改革无疑又是政治经济学关注的重点；在西方经济学体系中，国有企业改革的一个重要目标是成为一个真正的市场主体，其经营决策的很多理论可以从微观经济学中发现，而把国有企业作为解决市场失灵的政府干预经济工具或者执行产业政策的工具，涉及公共经济和发展经济学的相关理论；甚至国有企业改革又涉及内部组织管理制度的变革，可以遵循企业管理学所揭示的企业管理规律。

国有企业改革的基本逻辑在于有效协调国有企业制度安排

与国有企业市场效率关系，与西方经济理论所指出的为了提高国有企业效率必须将国有企业私有化或者将国有资本限制在十分有限的提供公共产品领域不同，中国国有企业改革有两个十分独特的前置条件，一是中国改革的方向是建立和完善中国特色的社会主义制度，这意味着一定是坚持公有制的主体地位，在这个前提约束下，与西方经济学所揭示的为了提高国有企业效率就一定要推进国有企业私有化改革不同，中国需要探索建立的是符合社会主义基本原则要求、与中国国情相适应、具有高效率的国有企业制度；二是中国是从公有制经济一统天下的高度集中的计划体制转向市场经济体制的，具有庞大的国有企业群体和大规模的国有资本，这意味着政府对国有企业和国有资本的监管不能采用西方国家针对某个或者某类国有企业都单独立法进行监管的方式，中国需要探索的是在以公有制为主体前提下对庞大国有企业群和大规模国有资本进行有效监管的体制机制。

在这两方面前提下，实际上经典的马克思主义政治经济学和西方经济学都没有给中国国有企业改革提供现成的可供遵循的理论。经过多年艰难的探索，中国以马克思主义政治经济学为指导，结合中国国情以及借鉴有益的国际上经济学知识，形成了具有公有制为主体、多种所有制共同发展等特征的中国特色的社会主义基本经济制度。与社会主义基本经济制度相适应，中国国有企业改革很好地协调了企业制度安排和企业市场效率，一是形成了中国特色现代企业制度，将坚持中国共产党的领导与建立现代企业制度有机结合，把党的领导内嵌到现代公司治理结构中，兼顾了政治与效率原则；二是探索出以管资本为主的国有资产管理体制，形成了社会主义市场经济体制下新型的政府与企业关系；三是发展混合所有制经济，推进国有企业混合所有制改革，形成了混合所有制国有企业产权结构，在宏观上形成以公有制为主体、多种所有制共同发展的所有制格局，在微观上奠定了高效率运行的国有企业产权基础；四是准确界定不同国有企业功能，通过分类改革，推进国有资本优化布局和战略性调整，国有资本向关系国家安全、国民经济命脉和国计民生的重要行业和关键领域不断集中；五是在坚持毫不动摇巩固和发展公有制经济，毫不动摇鼓励、支持、引导非公有制经济发展的原则下，通过深化国有企业改革，在做强做优做大国有资本和国有企业同时，为非公经济发展创造公平的竞争环境。

中国的国有企业与中国共产党有着密切的关系，这是中国国有企业区别于其他国家国有企业的极为重要的特征。然而，这种关系往往是许多研究所忽略的问题。从党的百年奋斗征程来看，国有企业一直作为中国共产党执政兴国、建设伟大事业的重要支柱和依靠力量，在许多方面都为保证党的事业取得成功做出巨大贡献。可以说，中国国有企业的历史使命与保证党的目标实现是有内在一致性的，正是这种内在一致性使得国有企业对党的事业做出突出贡献，从中国国有企业的实践发展历程中可以充分看出这一点。坚持党对国有企业的领导是重大政治原则，是国有企业的"根"和"魂"，必须一以贯之。对国有企业来讲，既要坚持党的领导，又要坚持深化改革建立现代企业制度，这是由国有企业的多重属性所决定的，也是其他国家的国有企业所不具备的，结合好两个制度将形成中国特色的现代国有企业制度，将党的领导融入公司治理的各个环节，可以为国有企业改革提供强大的组织保障。

第二章

中国国有企业改革发展历程

新中国国有企业的发展可以追溯到新民主主义革命时期，当时公营经济是中国共产党开展革命工作的重要支撑。在社会主义革命和建设时期，建立起以国营企业为主体的社会主义公有制经济，并为之后发展奠定了社会主义工业化坚实基础。改革开放和社会主义现代化建设新时期，中国国有企业凤凰涅槃，从传统计划体制下的政府机构转变为适应社会主义市场经济体制的新型国有企业，为我国实现经济总量跃居世界第二和总体小康做出了历史性贡献。进入中国特色社会主义新时代，国有企业以分类为切入点全面深化改革，坚持党对国有企业的全面领导，中国特色现代企业制度不断完善，国有经济布局和结构持续优化，企业创新主体地位连续强化，推进国有企业做强做优做大和世界一流企业建设，国有企业改革发展取得伟大的历史成就。进入新发展阶段，国有企业正在新的使命感召下，为第二个百年目标做出新的更大贡献。

第一节　新民主主义革命时期的
　　　公营经济发展

从土地革命战争时期开始，在革命根据地、陕甘宁边区、解放区都进行了对公营经济建设的实践探索。许多如今的中央企业历史都可以追溯到新中国成立前这段时期，这在中国近代经济史、中国革命发展史上占有重要地位。这一时期的国有企业是服务于中国共产党的革命事业，是党政军生存发展的重要物质来源，为党领导的抗日战争提供了坚强的供给保障，也成为党领导的新民主主义政权的重要依靠力量。

在土地革命时期，为了打破敌人的经济封锁，保卫红色政权，我们党积极建立和发展公营经济，兴办了一批军需民用工业、商业。抗日战争时期，陕甘宁边区政府以"发展经济、保障供给"为指导思想，积极筹划建立自己的工业体系，形成了一批公营经济。解放战争时期，随着各大中型城市的相继解放，没收官僚资本归国家所有，成为社会主义性质国营经济的一个重要来源。到1949年年底，全国共接收官僚资本所属的工业企业2858家，据有关部门事后按固定资产原值估算，没收官僚资本财产约人民币150亿元，其职工约129万人，其中生产工人75万多人。还有"四行两局"系统和国民党省市地方系统银行2400多家，垄断性贸易公司10多家，以及国民党政府所属的全部交通运输企业。这些总价值100亿—200亿美元的庞大资产收归国有，迅速增强了国有经济的比重和实力。据统计，到 1949 年，社会主义公营经济在全国工业中的比重分别为：固定资产占 80.7%，大型工业总产值占 41.3%，生产资料生产占 48%，发电设备容量占 72.3%，发电量占 58%，原煤占 68%，生铁占 92%，钢占 97%，机器及机器零件生产占 48%，水泥占 68%，棉纱占 49%。此外，还掌握了数万公里的铁路和公路里程。[①] 毛泽东曾高度称赞这个公营经济的作用，他指出，公营经济对党政军的供给量"超过了人民以租税形式缴纳政府的供给量"，"公营经济事业成为我们保障财政供给两大来源的一个主要基础，它的重要性是不言而喻的"。[②]

第二节　社会主义革命和建设时期的
国营经济发展

1949 年到 1978 年是新中国计划经济体制下的社会主义革命和建设时期。这个时期中，1949 年到 1952 年国民经济得到了恢复和重建，1953 年到 1956 年的"第一个五年计划"取得巨大成功，其中在 1953 年党的过渡时期总路线明确提出要在相当长的一个时期内实现国家的社会主义工业化，"一五"时期开始布局的 156 个重点工业项目初步奠定了新中国工业化的基础。后又经

---

① 引自本书编写组《国企改革若干问题研究》，中国经济出版社 2017 年版，第6 页。

② 《毛泽东文集》第三卷，人民出版社 1991 年版，第 891 页。

历"大跃进"、"三线"建设和"文化大革命"等。虽然这个时期经济政策极不稳定,经过了数次投资扩张和紧缩调整阶段,工业化进程也多次因政治运动而受阻,再加之国家外部严酷的发展环境,总体上社会主义工业化建设并不顺利,但是,经过了近 30 年的工业化建设,新中国在工业建设中取得了重大成就,逐步建立了独立的比较完整的工业体系和国民经济体系,打下了较好的工业基础特别是重工业基础。在辽阔的内地和少数民族地区,兴建了一批新的工业基地。国防工业从无到有逐步建设起来,特别是成功地发射"两弹一星",巩固了国家政权稳定。资源勘探工作成绩很大,铁路、公路、水运、航空和邮电事业,都有很大的发展。1980 年同完成经济恢复的 1952 年相比,全国工业固定资产按原价计算,增长 26 倍多,达到 4100 多亿元;棉纱产值增长 3.5 倍,达到 293 万吨;原煤产量增长 8.4 倍,达到 6.2 亿吨;发电量增长 40 倍,达到 3000 多亿千瓦时;原油产量达到 1.05 亿多吨;钢产量达到 3700 多万吨;机械工业产值增长 53 倍,达到 1270 多亿元。全民所有制商业收购商品总额由 175 亿元增长到 2263 亿元。总体上看,这个时期社会主义工业化建设,为改革开放后中国的快速工业化进程奠定了相应的发展基础。[①]

这个时期是高度集中的计划体制,所有这些工业化成就基本上都是国营企业作为主要承担者来完成的。1949 年至 1978

---

① 黄群慧:《新中国 70 年工业化进程的历史性成就与经验》,《光明日报》2019 年 7 月 10 日。

年，我国逐步形成了国营经济占主导地位的工业所有制结构。通过国家投资的形式，建立了规模过亿、分布广泛、数量众多的国营企业。1957—1978 年国营企业单位数从 4.96 万个增加到 8.37 万个，国营企业总产值逐年增加，1949—1978 年国营企业总产值从 36.8 亿元增加至 3289.2 亿元，国营企业总产值在全国工业总产值中的比重从 26.29% 增长至 77.63%。国营企业固定资产投资额逐年增长，1953 年国营企业固定资产投资额为 91.59 亿元，1978 年国营企业固定资产投资额为 668.72 亿元。1952—1978 年，国营企业销售收入从 392.1 亿元增加至 6629.2 亿元，增长 1590.69%，国营企业利润总额从 49.7 亿元增加至 665.4 亿元，增长 1238.83%。从就业看，1952—1977 年，国营单位年末就业人数从 1952 年的 1580 万人增加至 1977 年的 7196 万人，增长 355.44%。1952—1978 年，国营资产总量从 269.4 亿元增加至 4893.5 亿元，增长 1716.44%。其中，中央管辖国营资产总量从 75.9 亿元增加至 1382.5 亿元，增长 1721.48%；地方管辖国营资产总量从 193.5 亿元增加至 3511 亿元，增长 1714.47%。从增长速度看，地方管辖国营资产快于中央管辖国营资产。从三次产业分布看，第二产业的国营资产总量增长最快，第三产业次之。1952—1978 年，第一产业国营资产总量增长了 300.1 亿元，第二产业国营资产总量增长了 2843.4 亿元，第三产业国营资产增长了 1480.5 亿元。①

---

① 引自黄群慧、戚聿东等《中国国有企业改革发展 40 年研究》，南方出版集团、广东经济出版社 2019 年版，第 21—22 页。

第三节 改革开放与社会主义现代化建设 时期的国有企业改革发展[①]

自 1978 年改革开放以来，国有企业改革一直被认为是我国经济体制改革的中心环节。建设有中国特色的社会主义市场经济体制，关键是培育自主经营、自负盈亏、自我决策、自我发展的微观市场主体，如何从传统计划经济体制下的作为政府附属物的国营企业逐步转变为适应市场经济体制要求的独立市场竞争主体的现代企业——"新国企"，[②] 也就成为我国经济体制改革的核心任务。这个时期国有企业改革发展成就来之不易，经历了复杂曲折的历程，大体经历了 1978 年到 1992 年的"放权让利"时期、1993 年到 2002 年的"制度创新"时期、2003 年到 2012 年的"国资监管"时期。

一 以"放权让利"为核心的改革发展阶段

1978 年以前，在高度集中的计划经济体制下，国有企业（当时更多地称为国营企业）是执行政府计划任务指令的一个

[①] 本部分内容主要参阅黄群慧《"新国企"是如何炼成的——中国国有企业改革 40 年回顾》，*China Economist*，2018（1）；黄群慧、戚聿东等：《中国国有企业改革发展 40 年研究》，南方出版集团、广东经济出版社 2019 年版，第 2—11 页。

[②] 从产权制度现代化和管理体系市场化两个维度刻画，"新国企"可以被严格界定为产权现代化程度高（具有股权多元化、规范公司治理等特征）和管理体系市场化水平高（具有按照市场竞争需要自主经营、自主决策、自我管理等特征）的国有企业，具体可参见金碚、黄群慧《"新型国有企业"初步研究》，《中国工业经济》2005 年第 6 期。

生产单位，是政府主管部门的附属物，不具有自主经营的权力，人、财、物和产、供、销都完全依靠政府计划指令和行政调拨，这使得生产和社会需求严重脱节，企业积极性严重受挫，严重制约了社会生产力的发展。在 1978 年党的十一届三中全会的春风中，国有企业开启了"放权让利"的改革之旅。这个改革阶段从改革开放之初一直到党的十四届三中全会，提出的国企改革的目标是建立现代企业制度，贯穿 20 世纪 80 年代和 90 年代初，大体上持续了 15 年左右的时间。这一阶段，改革的主要任务是对企业放权让利，探索企业所有权和经营权的两权分离，试图引导国有企业摆脱计划经济体制的旧观念与行为的束缚，使它们能够逐步适应商品化的经营环境，完成自身的企业化改造，解决了一个个国有企业进入市场的问题。

关于扩大国有企业自主权的问题，改革开放之前经济学界就有过探讨。1956 年高尚全就提出企业自主权过小，主管机关集权过多。1961 年，孙冶方鲜明地指出在简单再生产的范围内的事情是企业的小权，国家不应该再管。①"文化大革命"后，1978 年 5 月，《人民日报》转载《光明日报》特约评论员文章《实践是检验真理的唯一标准》后，全国范围开展了关于实践是检验真理唯一标准的大讨论。在这种推动思想解放的大背景下，经济学界围绕按劳分配问题、"唯生产力论"问题、社会主义商品生产和交换问题、价值规律问题等进行了理论讨论，而针对传统体制下的国营企业的种种弊端也进行了深入的

---

① 张卓元：《中国经济学六十年》，中国社会科学出版社 2011 年版。

理论分析。在众多研究中，蒋一苇创造性地提出的"企业本位论"思想，成为企业放权让利的重要理论基础。1979 年 6 月，蒋一苇在《经济管理》月刊发表《"企业本位论"刍议》，首次提出"企业本位论"思想，1980 年 1 月在《中国社会科学》创刊号上正式发表《企业本位论》①。蒋一苇认为，中央高度集中的体制，实际上是把全国作为一个单一经济体、一个经济组织的基本单位，进行内部统一管理、统一核算，可以说是一种"国家本位论"；而把权力下放到地方，由地方作为经济组织的基本单位，进行统一管理、统一核算，这是一种"地方本位论"；而企业作为基本的经济单位，实现独立经营、独立核算，这就是相对于"国家本位论""地方本位论"的"企业本位论"。"企业本位论"的基本观点包括：第一，企业是现代经济的基本单位，社会主义生产的基本单位仍然是具有独立性的企业，社会主义经济体系只能由这些独立性企业联合而成；第二，企业是一个能动的有机体，社会主义企业既有权利，也有义务，是一个自主经营和自我发展的能动主体；第三，企业应该具有独立的经济利益，谋求自己的经济利益是社会主义企业的动力，由企业职工"共负盈亏"也是用经济方法管理经济的根本前提；第四，社会主义制度国家和企业的关系应该是政企分离，国家应该从外部采用经济方法对企业进行监督和指

---

① 蒋一苇：《企业本位论》，《中国社会科学》1980 年第 1 期；周叔莲：《关于蒋一苇同志的企业理论和企业"四自"的提法》，《经济管理》1996 年第 6 期；陈佳贵：《从"企业本位论"到"经济民主论"——蒋一苇同志关于经济体制改革的主要学术观点介绍》，《经济体制改革》1989 年第 1 期。

导，而不能直接干预日常经营活动。以蒋一苇为代表的经济学家的理论创新为国有企业波澜壮阔的改革实践探索奠定了坚实的学术基础。

1978年到1992年国有企业"放权让利"阶段，基于改革实践的主体内容又具体划分为三个小阶段：1978年到1984年的扩大自主权阶段，1984年到1989年的推行经营承包制阶段，1989年到1992年的转换企业经营机制阶段。①

1978年10月，经国务院批准，四川省重庆钢铁公司、成都无缝钢管厂、宁江机械厂、四川化工厂、新都县氮肥厂和南充钢铁厂6家地方国营工业企业率先实行扩大企业自主权试点，拉开了国有企业改革的大幕。这些企业试点的主要做法是给企业一个增产增收的年度指标，完成指标后允许提留少量利润和给职工发放少量奖金。1979年2月，四川省制定了《四川省地方工业企业扩大企业权力、加快生产建设步伐的试点意见》，并将试点企业扩大到100家工业企业。1979年5月，国家经贸委等部门选择首都钢铁公司、北京清河毛纺厂、天津自行车厂、天津动力厂、上海柴油机厂、上海汽轮机厂等京津沪的8个企业进行扩权改革试点。1979年7月，国务院下发了《关于扩大国营工业企业经营管理自主权的若干规定》等5份有关企业扩权的文件，明确了企业作为相对独立的商品生产者和经营者应该具有的责权利，包括生产计划权、产品销售权、利润分配权、劳动用工权、资金使用权、外汇留成权和固定资

---

① 吕政、黄速建：《中国国有企业改革30年研究》，经济管理出版社2008年版。

产有偿占用制度等，并在全国26个省级区域的1590家企业进行了试点。1980年9月，国务院批准自1981年起把扩大企业自主权的工作在国营工业企业中全面推广，使企业在人财物、产供销等方面拥有更大的决策自主权。为了在扩大企业自主权过程中更好地解决企业多占、财政难保证的问题，山东省率先对部分企业试行将利润留成改为利润包干，企业在完成国家上缴利润任务后，余下部分全部留给企业或者在国家和企业之间分成。随后，这些包干的办法和扩大企业自主权的规定一起逐步发展成为工业经济责任制的主要内容。1981年10月，国家经贸委和国家体改办提出了《关于实行工业经济责任制的若干意见》，工业经济责任制在全国得到了迅速推广，到1982年年底，全国有80%的预算内国营工业企业实行了经济责任制，商业系统也达到35%。① 国家对企业实施的经济责任制，从分配方面主要有三种类型：一是利润留成，二是盈亏包干，三是以税代利、自负盈亏。1984年5月，国务院颁发了《关于进一步扩大国有工业企业自主权的暂行规定》，从生产经营计划、产品销售、价格制定、物质选购、资金使用、生产处置、机构设置、人事劳动管理、工资奖金使用、联合经营10个方面放宽对企业约束。1984年10月党的十二届三中全会进一步明确了企业是自主经营、自负盈亏和自我发展的独立经济实体，扩大企业自主权的改革告一段落。

随着对企业放权让利的不断深入，一定程度上调动了企业

---

① 吕政、黄速建：《中国国有企业改革30年研究》，经济管理出版社2008年版。

的积极性，但是，由于利润基数确定科学性和公平性无法实现，存在"苦乐不均"和"鞭打快牛"现象，并且国家财政收入稳定性无法得到保证。1983年年初，国务院决定全面停止以利润分成为主的经济责任制，全面实行"利改税"。"利改税"在1979年就曾在湖北、广西、上海和四川等地的部分国营企业试点，1983年1月1日启动第一步"利改税"，采用利税并存，对凡是有盈利的国营大中型企业按55%税率计征所得税；第二步"利改税"从1985年1月1日开始，全面以产品税和资金税的分类税收方式规范国营企业和政府之间的关系。但是，两步"利改税"不仅混淆了国家的政权代表和资产所有者代表角色，同时还因为税率过高等原因严重影响了企业积极性。于是，在首钢、二汽等企业的示范效应下，以及有关马胜利、关广梅、张兴让等企业家宣传报道影响下，1986年承包经营责任制又被重新重视，1987年3月，六届人大五次会议的《政府工作报告》提出在所有权和经营权适当分离的原则下实行承包经营责任制，承包经营责任制全面推行。1988年，国务院发布《全民所有制工业企业承包经营责任制暂行条例》，进一步规范承包经营责任制，1989年，企业承包经营责任制得到进一步完善。在这个阶段，还有两项改革取得进展：一是国有企业领导体制从1984年10月开始从党委领导下的厂长负责制转变为厂长（经理）负责制，并在随后几年不断完善；二是1986年到1988年积极推进了横向经济联合和企业集团组建。虽然承包制在开始出现了"一包就灵"的现象，但由于它的不规范性和不稳定性，1989年以后其弊端日益明显，企业利润出现下降。1989 年以后整顿经济秩序成为经济工作的主基调，政府下大力气清理整顿公司、清理"三角债"。在这种背景下，国有企业改革中心工作更加强调所有权和经营权两权分离下的企业经营机制转变。在 1991 年 4 月全国人大通过的国民经济和社会发展的第八个五年规划中，明确企业经营机制转变的目标是实行政企职责分开，所有权和经营权适当分离，探索公有制的多种有效实现形式，建立富有活力的国营企业管理体制和运行机制。1992 年 7 月，国务院颁布了《全民所有制工业企业转换经营机制条例》，规定了 14 项企业经营自主权。这个阶段，在具体探索企业经营机制转变中，一方面继续完善实施企业经营承包制，1990 年，第一轮承包到期的预算内工业企业有 3.3 万多家，占全部承包企业总数的 90%，以此为基础，1991 年第一季度末开始签订第二期承包；另一方面积极探索租赁制、股份制等各种形式的经营机制转变模式，尤其是从 1984 年 7 月北京天桥百货股份有限公司成立以来，股份制试点日益增多，1991 年全国已经有 3220 家股份制试点企业，1992 年年底有 3700 家试点企业，其中 92 家在上海证券交易所上市。这为下一阶段建立现代企业制度奠定了很好的基础。

二 以企业制度创新为核心的改革发展阶段

这个阶段是 20 世纪 90 年代初至 21 世纪初，大体上有 10 年的时间。1992 年 10 月，党的十四大召开，会议正式确立了经济体制改革的目标是建立社会主义市场经济体制。1993 年，党的十四届三中全会通过了《关于建立社会主义市场经济体制若干问题的决定》，明确提出建设产权清晰、权责明确、政企分开、管理科学的现代企业制度是我国国有企业改革的方向。这一阶段，改革的主要任务是引导国有企业确立与市场经济要求相适应的资本和产权的观念，建立现代企业制度，通过国有经济布局与结构战略性调整，初步解决整个国有经济部门如何适应市场竞争优胜劣汰的问题，改变国有经济量大面广、经营质量良莠不齐和国家财政负担过重的局面。

从理论研究看，这个阶段的主题已经从单纯企业与政府的关系逐步深入国有企业内部制度和整个国有经济的功能定位，试图从现代企业理论和所有制理论出发分析国有企业的改革方向。一是深入研究所有制理论和社会主义市场经济的性质和实现形式，提出以公有制为主体、多种所有制共同发展，并引入混合所有制的概念；二是从整体上对国有经济的性质和地位进行了深入研究，提出调整国有经济布局和结构，从整体上搞好整个国有经济，增强国有经济在国民经济中的控制力，推进国有资本合理流动和重组，促进各种所有制经济公平竞争和共同发展；三是深入研究现代公司理论，对公司制的各种形式，包括无限公司、有限公司、股份公司、股份有限公司、上市公司等制度和规范进行了详细的研究，提出股份制是公有制的主要实现形式，国有企业应该积极推进股份制公司改革；四是对现代产权理论的深入研究，试图将现代西方产权理论与中国国有企业改革进行结合，围绕国有企业产权是否明晰、产权主体是谁、产权如何交易等一系列问题进行了长期、大量的研究，并引发了持续的争论，最终明确现代企业制度的第一个特征是产权明晰，2003 年党的十六届三中全会指出，建立归属清晰、权责明确、保护严格、流转顺畅的现代产权制度，是完善基本经济制度的内在要求，是现代企业制度的重要基础；五是对现代公司治理和激励理论进行了深入探讨，逐步明确了现代公司治理结构的特征，以及在委托代理理论指导下，如何建立企业经营者有效的激励约束机制，从而进一步指导国有企业在公司化改制过程中如何建立有效的现代公司治理结构和激励约束机制，国有企业领导体制逐步从厂长负责制转向由股东会、董事会和经理会相互制衡的现代公司治理结构；六是对现代资本市场理论进行了深入研究，逐步构建多层次的资本市场，在国有企业兼并重组和破产中发挥了资本市场的相应作用。

这个阶段，国有企业改革围绕两条主线展开：一是基于"单个搞活"的思路从单一企业视角建立现代企业制度，二是基于"整体搞活"思路从整个国有经济视角实施国有经济战略性改组。前者实践贯穿整个阶段，而后者主要从 1996 年以后开始全面展开。

1993 年党的十四届三中全会以后，国有企业改革实践转向以建立现代企业制度为主。1994 年 11 月，国务院批准了 100 家企业开始现代企业制度试点，另外还有 2343 家地方企业进行试点。到 1997 年，100 家中有 93 家转为公司制企业，其中多元股东持股的公司制企业有 17 家。地方试点企业中有 1989 家企业转为公司制企业，其中 540 家转为股份有限公司、540 家转为有限责任公司、909 家转为国有独资公司，这些公司制企业中 71.9% 的企业组建了董事会，63% 的企业成立了监事会，总经理由董事会聘任占 61%。1997 年党的十五大以后，中央又提出要用三年左右的时间在大多数国有大中型骨干企业初步建立现代企业制度。根据国家统计局调查总队调查，到 2001 年年底，所调查 4371 家重点企业已经有 3322 家企业实行了公司制改造，有 74% 的改制企业采用股权多元化形式，没有采用国有独资公司形式。① 在 1994 年到 1997 年这个时期，除了积极推进公司股份制改造、建立现代企业制度外，国家还启动了一系列改革措施，包括城市优化资本结构试点、积极推进试点城市国有企业兼并破产，降低切换国有债务、分离企业办社会职能，"减员增效"、实施下岗职工再就业工程，实施"三改一加强"（改组、改制和改造有机结合并加强企业内部管理），学习邯郸钢铁经验、提高管理科学化水平，探索国有资产管理有效形式、设立国有控股公司，进一步进行企业集团试点，"抓大放小"搞活国有小型企业，等等。

自 1997 年开始，面对日益严重的国有企业亏损问题，中央实施国有企业三年脱困的改革攻坚战。围绕三年脱困，一方面对纺织、煤炭、冶金、建材等行业进行结构调整，另一方面在 1999 年下半年国家开始全面推进"债转股"，以减轻企业债务负担、促进企业扭亏为盈。同时，深化养老、失业、医疗等社会保障制度改革并推进下岗职工再就业。

1995 年，党的十四届五中全会、1997 年党的十五大、

---

① 汪海波：《中国国有企业改革的实践进程（1997~2003 年）》，《中国经济史研究》2005 年第 3 期。

1999 年党的十五届四中全会都不断强调从战略上调整国有经济布局和"抓大放小"的方针，发挥国有经济的主导作用。党的十五届四中全会指出，国有经济需要控制的领域包括涉及国家安全的行业、自然垄断性行业、提供重要公共产品和服务的行业，以及支柱产业和高新技术产业中的重要骨干企业。到2002 年，党的十六大在坚持继续调整国有经济布局和结构的改革方向同时，进一步明确关系到国民经济命脉和国家安全的大型国有企业、基础设施和重要自然资源等，要由中央政府代表国家履行出资人职责。在这个方针指导下，国有经济布局和结构不断调整和优化，国有经济活力、控制力和影响力不断增强。同时，这些战略性调整也为下一步国有资产管理体制改革奠定了实践基础。

三　以国资监管体制改革为核心的改革发展阶段

这个阶段是党的十六大以后，以 2003 年国资委成立为标志到党的十八大召开的十年。这一阶段国有资产监管体制取得了巨大突破，国有企业改革进入到以国有资产管理体制改革推动国有企业改革发展时期，改革的主要任务是由国资委负责监督管理国有企业，实现国有资产保值增值目标，解决了以往的国有经济管理部门林立、机构臃肿、监管效率低下的问题。2002 年 10 月，党的十六大提出了毫不动摇地巩固和发展公有制经济、毫不动摇地支持和引导非公有制经济，尤其强调继续调整国有经济布局和改革国有经济管理体制两项重大任务，整个阶段在这两方面取得了积极进展。

这个阶段经济理论界围绕国有企业和国有经济改革的问题

的研究更加具体，主要集中在以下几个方面：一是在所有制方面，对股份制进行了更加深入的研究，混合所有制经济日益成为一个重要的研究问题，对大力发展混合所有制经济、使股份制成为公有制的主要实现形式成为基本共识；二是在国有经济定位方面，围绕如何推进国有资本进一步集中于关系到国家安全、国民经济命脉等重要的战略性领域进行了大量的研究；三是在国有资产管理体制方面，深入讨论了"多龙治水"的国有资产管理格局的问题，以及在国资委管人、管事和管资产相统一的新国资监管体制下，如何实现国资委有效监管国有资产与充分发挥企业积极性相结合；四是在垄断行业改革方面，对如何放松管制、提高垄断行业的市场竞争度以及推进电信、电力、铁路、民航等行业的改革重组等问题进行了理论和实证研究；五是在产权改革方面，针对产权改革尤其是经理融资收购等方式是否会引发了国有资产流失，进而是否私有化进行了大争论，相关争论客观上延迟了产权改革的推进，但进一步规范了国有企业产权改革，完善了相关的法律法规。

按照党的十六大提出的改革方向，这个阶段的国有企业改革的进展主要体现在以下几个方面：一是国有资产管理体制的重大变革。新的国有资产管理体制坚持"国家所有、分级代表"的原则，中央和地方分别成立专门的国有资产监督管理机构履行出资者职能，管人、管事和管资产相统一，坚持政企分开、所有制和经营权分离、企业自主经营。2003年5月，国务院颁布《企业国有资产监督管理暂行条例》，2006年颁发《地方国有资产监管工作指导监督暂行办法》。到2006年年底，从

中央到地市全部组建了国有资产监督管理机构，出台了 1200
多个相关监管规章和条例，涉及企业产权管理、企业资产和财
务监督、企业负责人业绩考核和选聘薪酬制度、法律事务管理
等方面。2007 年国务院下发《关于试行国有资本经营预算的
意见》，国有资本经营预算制度初步建立。二是国有经济布局
和结构调整取得积极进展。一批特大型国有企业重组部分资产
在国外上市，通过主辅分离和改制推进了一大批大中型企业重
组。2006 年年底，国务院国资委出台《关于推进国有资本调
整和国有企业重组的指导意见》，明确了中央企业集中的关键
领域和重组的目标。党的十七大进一步明确通过公司制股份制
改革优化国有经济布局，随后国有企业进一步集中。到 2006
年，全国国有工商企业数量为 11.9 万家，已经比 1998 年减少
了一半。中央企业的数量已经从 2003 年的 196 家降低到 2012
年的 112 家。三是垄断性行业国有企业改革继续深化，几大垄
断性行业形成了多家竞争的市场格局。例如，2002 年国家电
力监管委员会成立，电力行业按照厂网分开、竞价上网的思路
从国家电力公司分拆出国家电网、南方电网和五大发电集团；
又如，2003 年，93 个机场归地方管理，国家民航总局的 9 大
航空公司和服务保障企业联合重组为国航、南航和东航三大运
输公司和三大服务公司，2007 年，空管职能与行业监督职能
分离。四是国有企业公司制股份制改革进一步推进，混合所有
制经济已经有了长足发展。到 2012 年，我国工业企业中股份
有限公司已经达到 9012 家，各类有限责任公司已经达到 65511
家，混合所有制工业企业数量占规模以上工业企业单位数的

26.3%，资产占 44.0%，主营业务收入占 38.8%，利润总额
占 41.8%。截至 2012 年年底，中央企业及其子企业引入非公
资本形成混合所有制企业，已经占到总企业数的 52%。中央企
业及其子企业控股的上市公司共有 378 家，上市公司中非国有
股权的比例已经超过 53%。地方国有企业控股的上市公司 681
户，上市公司非国有股权的比例已经超过 60%。[①]

第四节　中国特色社会主义新时代的
国有企业改革发展

2013 年 11 月党的十八届三中全会通过了《中共中央关于全
面深化改革若干重大问题的决定》，旗帜鲜明地提出以公有制为
主体、多种所有制经济共同发展是我国的基本经济制度，是中
国特色社会主义制度的重要之处，也是社会主义市场经济体制
的根基。以此思想为指导，国企国资改革在分类改革的框架下，
积极推进混合所有制改革、国有资本管理体制和国有经济战略
性调整，而非公经济随着营商环境的不断完善、垄断行业改革
的深入以及混合所有制改革的步伐加快，也取得了快速发展。

2015 年中共中央国务院发布《关于深化国有企业改革的
指导意见》，国家出台了一系列关于深化国有企业改革的政策

[①]　中国社会科学院工业经济研究所：《中国工业发展报告（2013）》，经济管理
出版社 2013 年版。

文件，内容涉及国有企业功能定位与分类、混合所有制改革、国有资产管理体制和国有企业治理结构的规范等，围绕着这个指导意义逐步形成"1＋N"的全面深化国有企业改革的政策体系。在这些文件政策指导下，全面深化改革的各项任务"蹄疾而步稳"推进。

一 国有企业分类改革

国企国资改革进入到分类改革时代。中共中央国务院发布《关于深化国有企业改革的指导意见》将国有企业界定为商业类和公益类，商业类国有企业以增强国有经济活力、放大国有资本功能、实现国有资产保值增值为主要目标，按照市场化要求实行商业化运作，商业类又划分为主业处于一般竞争性行业的商业一类，以及主业处于关系国家安全、国民经济命脉的重要行业和关键领域的商业二类。公益类国有企业以保障民生、服务社会、提供公共产品和服务为主要目标。不同类型的国有企业，应该有不同的国资监管机制、混合所有制改革方案、公司治理机制以及国有经济战略性调整方向等。在具体操作层面，采取了谁出资谁分类的原则，由履行出资人职责的机构负责制定所出资企业的功能界定和分类方案。从"抓大放小"到"分类改革"，基于功能定位对国有企业进行分类改革和分类治理，这是在新时代全面深化国企改革的一个重大进展，是探索国有企业与市场经济有机结合的不断创新，是新时代国企国资改革的切入口。

二 混合所有制改革深化

党的十八届三中全会更是将"积极发展混合所有制经济"

放在前所未有的重要地位。2015 年 9 月，国家发改委牵头起草的《关于国有企业发展混合所有制经济的意见》正式颁布。从 2016 年开始相继在石油、电力、电信、军工等重点行业和领域开展了三批 50 家试点，涵盖中央企业和部分地方国企。2017 年党的十九大报告进一步强调："深化国有企业改革，发展混合所有制经济，培育具有全球竞争力的世界一流企业"，将发展混合所有制经济与培育世界一流企业的国企改革发展目标联系起来。混合所有制改革覆盖领域日益广泛，不仅实现了电力、石油、天然气、铁路、民航、电信、军工七大重要领域全覆盖，还在重要领域取得了有序推进，延伸到国有经济较为集中的一些重要行业。2019 年 10 月，国资委出台《中央企业混合所有制改革操作指引》，要求坚持因地施策、因业施策、因企施策，宜独则独、宜控则控、宜参则参，不搞拉郎配，不搞全覆盖，不设时间表原则，按照完善治理、强化激励、突出主业、提高效率要求，分层分类深化国有企业混合所有制改革。2013 年到 2019 年，中央企业实施混改 4000 多项，引入社会资本超过 1.5 万亿元，混改企业户数占比提高近 20 个百分点、超过 70%。

三 监管体制改革与国有企业重组

党的十八大以来，积极推进了国有资产监管体制改革从管人管事管资产相结合转向了以管资本为主。国务院于 2015 年 11 月印发了《关于改革和完善国有资产管理体制的若干意见》，对在管资本为主的要求下如何推进国有资产监管机构职能转变、改革国有资本授权经营体制、提高国有资本配置和运营效率、协同推进相关配套改革提出原则性的要求。党的十九大报告进一步要求：完善各类国有资产管理体制，改革国有资本授权经营体制，加快国有经济布局优化、结构调整、战略性重组，促进国有资产保值增值，推动国有资本做强做优做大，有效防止国有资产流失。党的十九届四中全会又明确要求形成以管资本为主的国有资产监管体制，有效发挥国有资本投资、运营公司的功能作用。2019 年 11 月国资委出台了《关于以管资本为主加快国有资产监管职能转变的实施意见》，要求转变监管理念，从对企业的直接管理转向更加强调基于出资关系的监管；调整监管重点，从关注企业个体发展转向更加注重国有资本整体功能；改进监管方式，从习惯于行政化管理转向更多运用市场化法治化手段；优化监管导向，从关注规模速度转向更加注重提升质量效益。在构建管资本为主的国资监管体制的同时，党的十八大以来，国资委通过强强联合、优势互补、吸收合并、共建共享，推动了中央企业重组整合，加快进行国有经济战略性调整和国有经济布局优化，实现国有资本做大做强做优。按市场化原则完成 22 组、41 家中央企业战略性重组，中央企业数量从 2012 年年底的 117 家调整至 2020 年年底的 97 家。

四　建设中国特色现代企业制度

党的十八大以后，国有企业继续深化公司制改革。2017 年国务院办公厅先后发布《关于进一步完善国有企业法人治理结构的制度意见》《中央企业公司制改制工作实施方案》等文件，要求在 2017 年年底前，国有企业公司制改革基本完成，按照《中华人民共和国全民所有制工业企业法》登记的中央企业（不包括金融、文化企业）全部改为按照《中华人民共和国国公司法》登记为有限责任公司或者股份有限公司，加快形成有效制衡的公司法人治理结构和灵活高效的市场化经营机制。以董事会建设为重点完善公司法人治理结构，到 2020 年，国有独资、全资公司全面建立外部董事占多数的董事会。中央企业实现董事会应建尽建，董事会定战略、做决策、防风险功能作用有效发挥。国资监管部门向建有规范董事会的国有企业，陆续下放发展决策权、经理层成员选聘权、业绩考核权和薪酬、职工工资分配及重大财务事项等重要权限，全面深化劳动、人事、分配三项制度改革，建立健全反应灵敏、运行高效的市场化经营机制，积极推进经理层成员任期制和契约化管理，推行职业经理人制度。

在坚持现代企业制度这个国有企业改革方向的同时，党的十八大以来深化国有企业改革一以贯之地坚持党对国有企业的领导这个重大政治原则，努力把加强党的领导与完善公司治理统一起来，建设中国特色现代企业制度。2016 年 10 月，习近平总书记在全国国有企业党的建设工作会议上指出：坚持党对国有企业的领导是重大政治原则，必须一以贯之；坚持现代企业制度是国有企业改革的方向，也必须一以贯之。中国特色现代国有企业制度，"特"就特在把党的领导融入公司治理各环节，把企业党组织内嵌到公司治理结构之中，明确和落实党组织在公司法人治理结构中的法定地位，做到组织落实、干部到位、职责明确、监督严格。①

---

① 习近平：《习近平谈治国理政》（第二卷），外文出版社 2017 年版，第 176 页。

五　国有企业改革三年行动方案

2020 年 6 月《国有企业改革三年行动方案（2020—2022年)》出台，掀起了新一轮国有企业改革热潮，进一步激发国有企业改革发展的内生活力。"三年行动方案"提出着力完善中国特色现代企业制度、着力推进国有经济布局优化和结构调整、着力积极稳妥深化混合所有制改革、着力健全市场化经营机制、着力形成以管资本为主的国有资产监管体制、着力推动国有企业公平参与市场竞争、着力抓好国企改革专项工程和着力加强国有企业党的领导党的建设的"八个着力"和 50 条意见。[①] 经过 2 年多的时间，这八个方面都取得了明显的进展和成效。

一是坚持"两个一以贯之"，中国特色现代企业制度取得了重大突破性成果。牢牢把握坚持和加强党对国有企业的全面领导这一重大政治原则，中央深改委审议通过了《关于中央企业党的领导融入公司治理的若干意见（试行)》，推动党的领导融入公司治理制度化规范化程序化。国有企业普遍制定了党委（党组）前置研究讨论重大经营管理事项的清单，仅 2020年就有 93 家中央企业及 1432 家（占比 83%）子企业制定了党委（党组）前置研究讨论重大经营管理事项清单。国务院办公厅颁布了《关于进一步完善国有企业法人治理结构的指导意见》，各治理主体权责边界更趋清晰，董事会建设进一步加强，

---

① 黄群慧：《中国国有经济报告（2021)》，社会科学文献出版社 2021 年版，第6 页。

中央企业实现董事会应建尽建，到 2020 年，国有独资、全资公司全面建立外部董事占多数的董事会。截至 2021 年年底，94.6% 的地方国资委出资企业建立了董事会。

二是公司制改革基本完成，市场化经营机制建设迈出新的步伐。中央企业和 96% 的地方国资委出资企业已完成公司制改制。国资监管部门向建有规范董事会的国有企业，陆续下放发展决策权，经理层成员选聘权，业绩考核权和薪酬、职工工资分配及重大财务事项等重要权限，全面深化劳动、人事、分配三项制度改革，逐步健全反应灵敏、运行高效的市场化经营机制，积极推进经理层成员任期制和契约化管理，推行职业经理人制度和上市公司实施股权激励，2020 年，中央企业 621 户子企业选聘职业经理人近 5000 人，省级国资委出资企业选聘职业经理人 3000 多人，新增 22 户中央企业控股上市公司实施股权激励。总体上中央企业控股上市公司股权激励实施范围已经涵盖了近 1.8 万名关键核心人才。

三是混合所有制改革积极稳妥有序深化，覆盖面逐步扩大。中国国有企业混合所有制改革基金挂牌成立，总规模 2000 亿元，首期募资 707 亿元。2020 年中央企业实施混合所有制改革 900 余项，引入民营资本超过 2000 亿元。上市公司已成为中央企业混改主要载体，2020 年中央企业控股上市公司资产总额、利润分别占中央企业的 68%、86%；不断扩大电力、民航、电信、军工等重点领域混改试点。在混改中加强对混合所有制改革过程的监督，印发《企业国有资产交易监督管理办法》《上市公司国有股权监督管理办法》，防止只投不管，严格规范交易行为，推进信息公开，强化社会监督，坚决防止国有资产流失。

四是国有资本布局与结构调整持续推进，深化供给侧结构性改革引领作用明显。中央出台了《关于新时代推进国有经济布局优化和结构调整的意见》，有效发挥了国有经济在优化结构畅通循环稳增长中的作用，过剩产能和低效无效资产加快退出，重要行业关键领域和战略性新兴产业布局调整力度进一步加大，国有资本进一步向关系国家安全、国民经济命脉和国计民生的重要行业和关键领域集中，向前瞻性战略性产业集中，境外投资和国际化经营深入推进。国家管网资产重组已经完成，去产能、"压减"、"处僵治困"取得明显成效。剥离办社会职能和解决历史遗留问题取得历史性突破，总体上全面解决了中央企业办社会和历史遗留问题。地方企业"三供一业"和市政社区管理等分离移交，以及教育医疗机构深化改革、厂办大集体企业改革、退休人员社会化管理，这些主体任务已经完成。

五是推进以管资本为主的国有资产管理体制改革，国资监管的系统性、针对性、有效性显著增强。持续建设科学系统、精简高效的以管资本为主的国资监管制度体系，不断调整优化监管职能和取消、下放、授权监管事项，出台并动态调整权力和责任清单。改组或组建一批国有资本投资、运营公司，正在形成国有资本投资、运营公司以及产业集团公司功能鲜明、分工明确、协调发展的国家出资企业格局，实现国有企业信息公开覆盖范围进一步扩大，职能转变进一步深化，数字化、智能化监管有效推进，国有资本投资、运营公司在优化国有资本布局结构、助力国企改革发展等方面取得了积极成效，违规责任追究工作体系总体建成。中央企业管理层级压缩到 5 级以内。中央企业集团总部部门数量平均压缩超过 17%，人员编制平均减少 20%。

六是党建工作与生产经营逐步深度融合，各类改革专项工程持续推进。党的基层组织政治职能和组织力进一步增强，为企业改革发展提供了坚强保证。"双百行动"持续深化，"科改示范行动"全面启动，"区域性综改试验"拓展扩围，对标世界一流管理提升行动深入开展，涌现出一大批改革典型，发挥了示范、突破、引领、带动作用。

中国特色社会主义事业已经进入新发展阶段，在新发展阶段，社会主义市场经济体制日益成熟，国有企业日益适应市场经济体制，国有企业改革发展已经取得了巨大成就，国有企业具备了为中国人民"强起来"做出巨大贡献的更为充分的条件，国有企业自身需要有更加强烈的使命感。围绕"强起来"的使命要求，国有企业坚持贯彻新发展理念、走高质量发展之路，加快构建新发展格局，国有企业要聚焦高水平的科技自立自强，聚焦产业链供应链治理能力提升，聚焦满足促进共同富裕和满足人民对于更加美好的生活需要，聚焦更好"以内促外"促进国内外经济循环相互促进，聚焦促进实体经济创新发展，在全面建设社会主义现代化国家过程中发挥应有作用。

第三章

中国国有企业改革发展的成就

从建党百年的视野来看，国有企业从无到有、从弱到强，通过白手起家，历经种种困难和挑战，已经成长为党的事业和国家建设不可或缺的关键角色。当前的国有企业，与社会主义市场经济相融合，为我国经济社会发展、科技进步、国防建设、民生改善等方面做出历史性贡献。国有企业的成功实践表明中国特色社会主义道路是可行的，国有企业的发展为社会主义现代化建设奠定了坚实的基础。在新发展阶段，国有企业必定会出色完成自身所肩负的历史使命，发挥在经济社会发展中应有的功能定位，为建成社会主义现代化国家提供重要的物质保障。

第一节　国有企业总体发展状况

习近平总书记指出："国有企业作为中国特色社会主义的重

要物质基础和政治基础，是我们党执政兴国的重要支柱和依靠力量。"① 中国国有企业经过多年的改革发展，已经具备了作为中国特色社会主义经济的"顶梁柱"的地位和作用，通过加强和完善党对国有企业的领导、加强和进行党的建设，成为党和国家最可信赖的依靠力量，成为坚决贯彻执行党中央决策部署的重要力量，成为贯彻新发展理念、全面深化改革的重要力量，成为实施"走出去"战略、"一带一路"建设等重大战略的重要力量，成为壮大综合国力、促进经济社会发展、保障和改善民生的重要力量，成为我们党赢得具有许多新的历史特点的伟大斗争胜利的重要力量。

一 国有企业经营规模

经过多年的改革和制度创新，我国国有企业运行质量不断改善，综合实力和竞争力明显增强，有力地支撑了国民经济持续健康发展。1978—2018 年，全国国有企业实现营业收入、利润总额年均分别增长 11.9%、10.3%；2018 年全国国有企业资产总额、所有者权益分别达到 1978 年的 247 倍和 130 倍，不少企业在市场占有率和核心竞争力方面已经具备了与跨国公司同台竞技的实力。②

2012 年以来，全国国有企业数量不断增加。2012 年至2019 年，全国国有企业数量从 14.7 万户增加到 21.7 万户，增长了 47.6%。其中，中央国有企业从 4.8 万户增加到 6.2 万

---

① 《习近平谈治国理政》（第二卷），外文出版社 2017 年版，第 175 页。
② 本部分数据主要引自黄群慧主编《中国国有经济报告（2021）》，社会科学文献出版社 2021 年版，第 18—29 页。

户，增长了29.2%；地方国有企业从9.9万户增加到15.5万户，增长了56.6%。这一数据显示，地方国有企业数量比中央国有企业数量增长得更快（参见图3-1）。

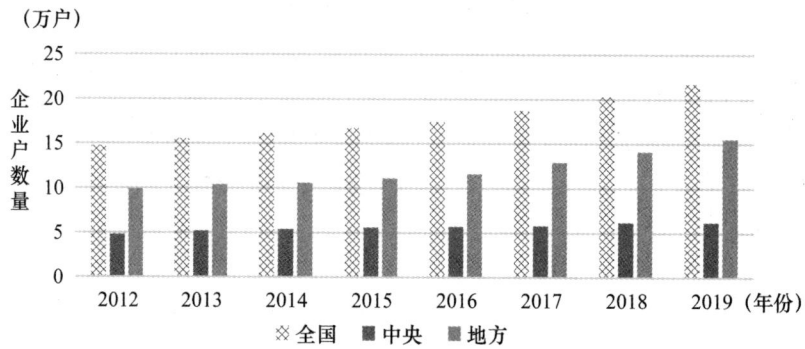

图3-1 国有企业数量变化情况（2012—2019年）

资料来源：《中国财政年鉴2020》，根据国研网数据库整理，http://data. drcnet. com. cn。

在企业数量不断增加的同时，国有企业职工人数基本稳定在3600万人左右，但随着时间的推移，呈现缓慢下降趋势。全国国有企业职工人数，从2012年的3647.9万人，持续下降到2019年的3531万人，减少了116.9万人，相当于每年减少约17万人。

资产规模不断扩大。2012年以来，全国国有企业资产总额持续提升。2012年至2019年，全国国有企业资产总额从89.5万亿元增加到233.9万亿元，年均增长率达到14.7%。其中，中央国有企业资产总额从43.4万亿元增加到87.0万亿元，年均增长10.4%[①]；地方国有企业资产总额从46.1万

[①] 数据来自《中国财政年鉴2020》，根据国研网数据库整理计算，http://data. drcnet. com. cn。

亿元增加到 147.0 万亿元，年均增长 18.0%。这一数据显示，地方国有企业资产规模比中央国有企业提高得更快（参见图 3 - 2）。

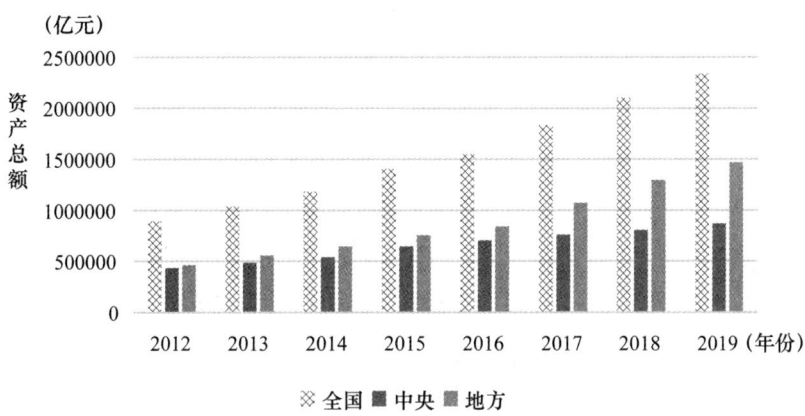

图 3 - 2　国有企业资产总额变化情况（2012—2019 年）

资料来源：《中国财政年鉴 2020》，根据国研网数据库整理，http：//data.drcnet.com.cn。

根据《中国国家资产负债表 2020》的数据，我国 2019 年国内社会总资产为 1655.6 万亿元，据此计算，当年我国国有企业资产总额占到国内社会总资产的比例为 14.1%，可见国有经济部门在我国社会财富中占有重要地位。从发展趋势看，国有企业资产总额占社会总资产的比例，在 2012 年到 2016 年间基本上维持在 12.3% 左右，之后呈现快速提升趋势，显示出国有企业资产总额在国民财富中的地位在不断提升（参见图 3 - 3）。

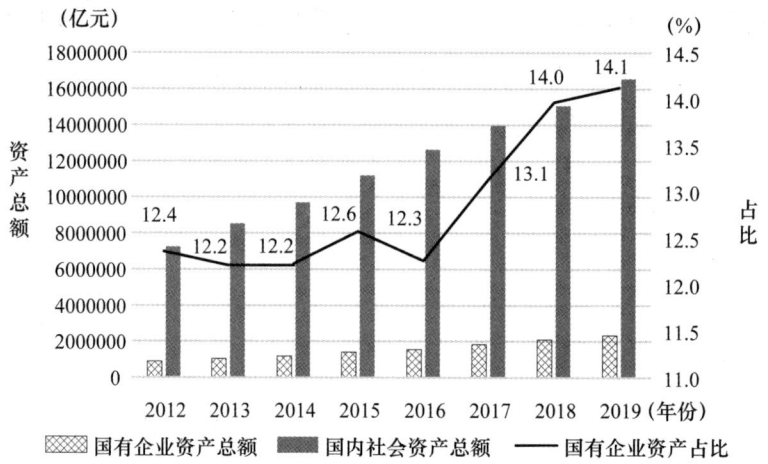

图 3 - 3 　国有企业资产占国内社会总资产总额的

比例变化情况（2012—2019 年）

资料来源：国有企业资产总额数据来自《中国财政年鉴 2020》，根据国研网数据库整理，http：//data. drcnet. com. cn；国内非金融资产总额数据，来自李扬、张晓晶等《中国国家资产负债表 2020》，中国社会科学出版社 2021 年版。

在资产总额持续提高的同时，国有企业净资产总额也在不断扩大，从 2012 年的 32.0 万亿元，持续增长到 2019 年的 84.1 万亿元，7 年间增长了 1.6 倍，年均增长 14.8%，增速略高于总资产的增速（14.7%）（参见图 3 - 4 ）。

2020 年，国有企业实现营业总收入 63.3 万亿元，比 2012 年增长 20.9 万亿元，年均增长 5.1%。从 2012 年到 2020 年这 8 年间的数据来看，国有企业营业总收入前半期在每年 45 万亿元左右波动，2016 年之后则稳定上升，总体上呈现波动中攀升的趋势。

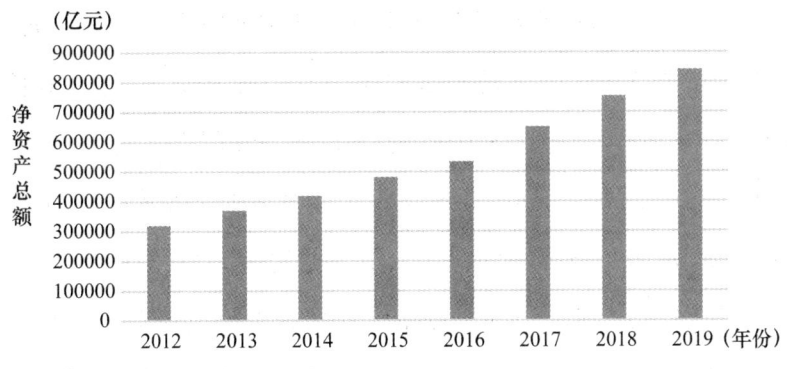

图 3 - 4 国有企业净资产总额变化情况（2012—2019 年）

资料来源：《中国财政年鉴 2020》，根据国研网数据库整理，http：//
data. drcnet. com. cn。

从中央国有企业和地方国有企业比较来看，两者营业总收入的增长变化总体保持一致，虽然中央企业的营业总收入一直明显高于地方国有企业，但地方国有企业的营业总收入增长得更快，两者的营业总收入差距在缩小（参见图 3 - 5）。

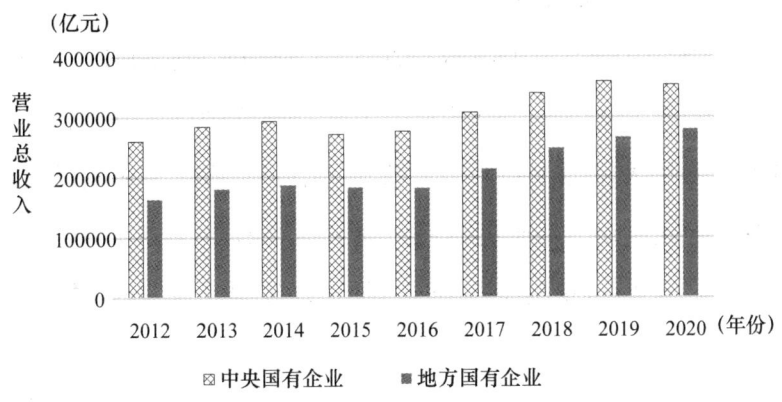

☒中央国有企业　■地方国有企业

图 3 - 5 中央和地方国有企业营业总收入比较（2012—2020 年）

资料来源：根据国有资产监督管理委员会网站数据整理，http：//www. sasac. gov.
cn/n16582853/n16582888/index. html。

2019 年，国资系统监管企业实现营业收入 58.5 万亿元，比上年增长 5.6%；实现利润总额 3.5 万亿元，比上年增长 5.0%；实现增加值 13.3 万亿元，占全国国内生产总值（GDP）的 13.4%。国资系统监管企业全员劳动生产率（年度劳动生产总值与当年平均从业人员数的比值）41.2 万元/人·年，是全社会企业劳动生产率的 3.6 倍；中央企业全员劳动生产率 59.3 万元/人·年，是全社会企业劳动生产率的 5.2 倍。国有控股上市公司净资产收益率 7.8%、人均利润 12.2 万元、人均营业收入 263.4 万元，分别是非国有控股上市公司的 1.1 倍、1.8 倍、2.0 倍。

二　国有企业运行质量

2012 年以来，国有企业利润总额总体上呈现不断增长的态势，营业收入利润率稳中有升，应缴税费平稳增长，资产负债率不断下降，国有经济运行质量明显改善。

（一）利润总额

2020 年，国有企业实现利润 3.4 万亿元，比 2012 年增长 1.2 万亿元，年均增长 13.9%。2012 年至 2020 年，国有企业利润总额整体保持在一个增长的水平上，但增长率波动较大，出现了三次负增长的情况，每年增长率都有一个较大的变化，增长率最快的年份在 2017 年，利润总额增长率在 20% 以上（参见图 3 - 6）。

（二）营业收入利润率

2020 年，国有企业实现营业总收入 63.3 万亿元，利润总额 3.4 万亿元，利润率为 5.4%。计算表明，2012 年至 2020

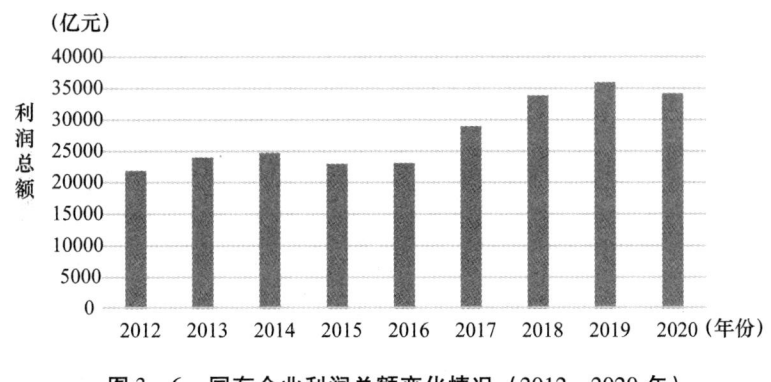

图 3 - 6　国有企业利润总额变化情况（2012—2020 年）

资料来源：根据国有资产监督管理委员会网站数据整理，http：//www．sasac．gov．cn/n16582853/n16582888/index．html。

年，国有企业利润率虽有所波动，但一直都在 5.0% 以上，前四年基本稳定在 5.0% 左右，2016 年以后出现比较明显的上升趋势，总体上呈现波动中上升的趋势（参见图 3 - 7）。

（三）应缴税费

2020 年，国有企业应缴税金 4.6 万亿元，比 2012 年增长 1.3 万亿元，年均增长 4%。从 2012 年到 2020 年，国有企业应缴税费基本是在稳中有增的，其中在 2016 年应缴税费出现了一个下降趋势，随后在 2017 年，应缴税费出现了一个增长率接近百分之十的大幅增长。中央国有企业应缴税费金额远高于地方国有企业。但中央国有企业应缴税费增长率始终较为稳定，最高增长率没有超过百分之十。地方国有企业增长率在 2017 年出现一个接近 25% 的增长，其余年份基本维持在一个稳定的水平上（参见图 3 - 8）。

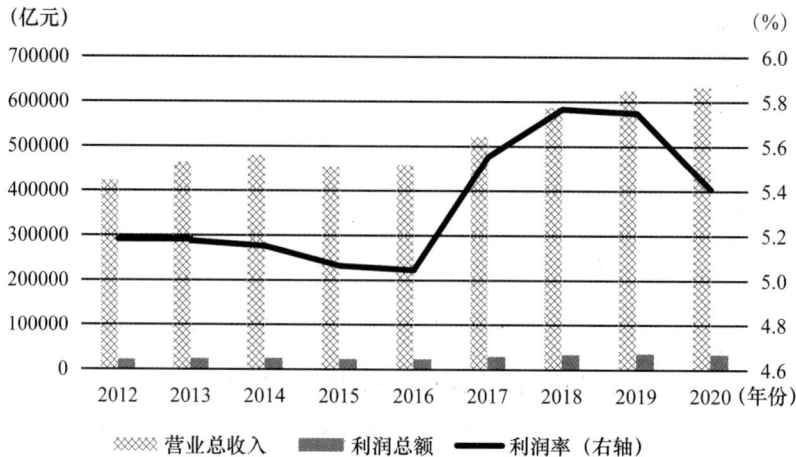

图 3 - 7　国有企业营业收入利润率变化情况（2012—2020 年）

资料来源：根据国有资产监督管理委员会网站数据整理，http：// www. sasac.

gov. cn/n16582853/n16582888/index. html。

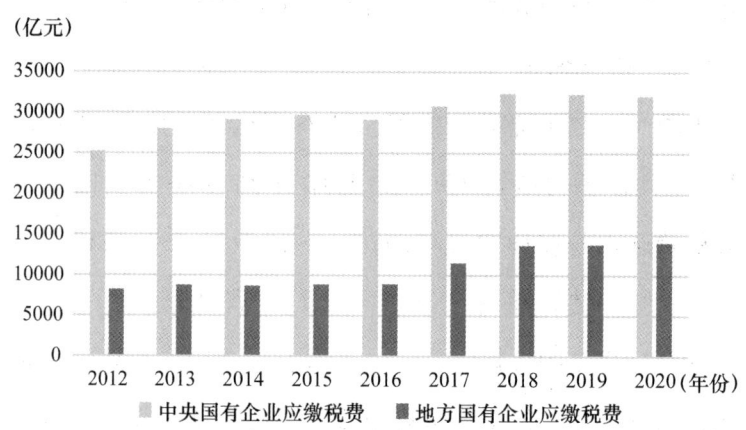

图 3 - 8　中央和地方国有企业应缴税费比较（2012—2020 年）

资料来源：根据国有资产监督管理委员会网站数据整理，http：// www. sasac.

gov. cn/n16582853/n16582888/index. html。

（四）资产负债率

2020 年，国有企业资产负债率为 64%，比 2012 年下降了 1.1 个百分点，比最高点 2015 年的 66.3% 下降了 2.3 个百分点。从 2012 年到 2020 年，国有企业资产负债率始终稳定在 64% 到 67% 之间。中央企业资产负债率总体高于地方国有企业资产负债率（参见图 3-9）。

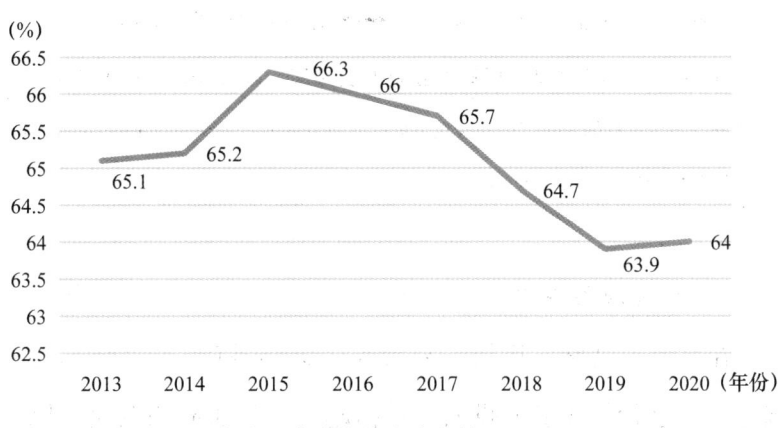

图 3-9　国有企业资产负债率变化情况（2012—2020 年）

资料来源：根据国有资产监督管理委员会网站数据整理，http：// www. sasac. gov. cn/n16582853/n16582888/index. html。

中央国有企业的资产负债率明显高于地方国有企业。中央国有企业资产负债率在 2015 年出现了一个幅度较大的下降，随后在 2016 年又很快回升，保持在高于 66% 的水平上，地方国有企业始终保持在 64% 左右的水平上（参见图 3-10）。

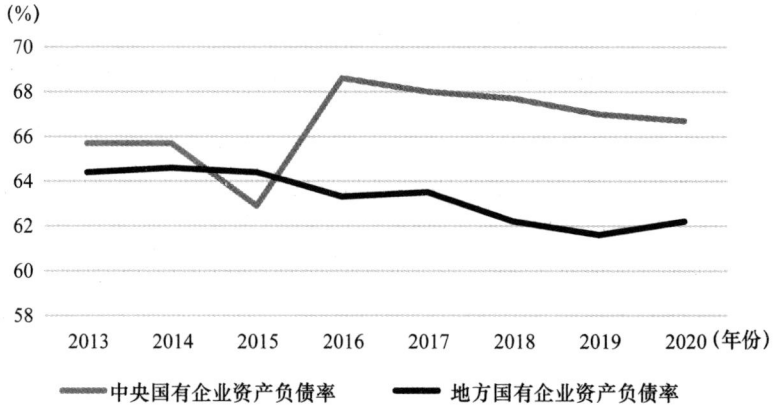

图 3-10　中央和地方国有企业资产负债率比较（2012—2020 年）

资料来源：根据国有资产监督管理委员会网站数据整理，http：//www. sasac. gov. cn/n16582853/n16582888/index. html。

（五）宏观经济贡献

在高铁、公路、桥梁、港口和机场等基础设施建设方面，国有企业进行了大量的投入，承担起了其他所有制企业不愿意做的长期性、基础性工程，为我国经济社会发展打下了坚实的基础。在船舶、航空航天等重要国民经济产业，国有企业都发挥着举足轻重的作用，维护了我国经济安全和独立。2017 年，在"煤炭开采和洗选业""石油和天然气开采业""石油加工、炼焦和核燃料加工业""电力、热力生产和供应业""燃气生产和供应业""水的生产和供应业"，国有控股工业企业占有50% 以上的市场份额、中央企业生产的原油、天然气约占全国90% 以上；发电量约占全国的 65%，生产的水电设备占全国的70%，火电设备占全国的 75%；汽车产量占全国的 40% 以上，造船产量占全国的 50%，承建的铁路长度占全国铁路总里程三分之二以上，民航运输总周转量占全国的 70% 以上，提供了全部的基础通信服务和大部分增值服务。带头降低社会运行成本。落实提速降费、降电价等政策，2019 年有关中央企业降费让利超过 5000 亿元，在保障能源资源安全、抢险救灾、节能减排等方面发挥重要作用，万元产值综合能耗和四项污染物排放指标均提前完成"十三五"目标任务①。

国有经济在整个国民经济结构调整中始终发挥着主导作用。20 世纪 90 年代的"抓大放小"、行业性重组、三年改革脱困等一系列重大结构调整，引领、带动了整个国民经济结构的优化，为 21 世纪初的经济增长奠定了坚实基础。国务院国资委成立后，通过兼并重组、结构优化，推动国有资本向重要行业和关键领域集中。党的十八大以来，国有企业按照党中央、国务院部署，深入推进供给侧结构性改革，落实"三去一降一补"的工作任务，发挥带动引领作用，推动高质量发展。以 2016 年为例，据不完全统计，全国国资系统共退出钢铁产能 4230 万吨，占全国退出钢铁产能的 80.8%；共退出煤炭产能 20629 万吨，占全国退出煤炭产能的 71.1%。通过推进相关行业结构调整，提高了产业集中度，优化了资源配置效率，为持续提升供给质量和效率、构建新发展格局做出了重要贡献②。

---

① 郝鹏：《国务院关于 2019 年度国资系统监管企业国有资产管理情况的专项报告》，中国人大网，http：//www.npc.gov.cn/npc/c30834/202010/92861cc1660044d0b4c1511083bab902.shtml。

② 《国企改革历程 1978—2018》，中国经济出版社 2019 年版，第 77 页。

第二节 国有企业的科技创新

科学技术是第一生产力，创新是引领发展的第一动力。国有企业通过整合优化创新资源，在体制机制的调整下不断激发企业创新活力，始终是我国科技创新领域的主力军。

一 研发经费投入

国有企业是我国科技创新的中坚力量，随着我国创新驱动发展战略的深入实施，国有企业研发投入也在稳步增长。以中央企业为例，2019 年，中央企业研发经费投入达到 8190 亿元，同比增长 17.5%。① 2020 年中央企业研发投入进一步提高，全年研发经费投入同比增长 11.3%，研发经费的投入强度为 2.55%，同比提高 0.3 个百分点。其中，工业企业的研发经费投入强度达到了 3%。② 从上市公司披露的数据来看，国有企业控股上市公司成为上市公司科技创新领跑者。上市公司 2020 年研发经费投入合计达 1.01 万亿元，其中一批"中字头"企业研发经费投入居于榜单前列，中国建筑、中国石油、中国中铁、中国交建研发经费投入均超过 200 亿元，中国铁建、中国

---

① 《国企改革明确未来三年"施工图"》，http：// www. gov. cn/zhengce/2020 - 10/13/content_ 5550797. htm，2020 - 10 - 13。

② 《2020 年中央企业研发经费投入强度提高至 2.55%》，http：// www. gov. cn/ xinwen/2021 - 02/14/content_ 5587093. htm，2021 - 2 - 14。

电建、中国石化等 8 家上市公司研发经费投入超过 100 亿元。①
已经披露 2021 年年报的 A 股公司中，2021 年研发经费投入超
50 亿元的公司有 32 家。其中，15 家研发经费投入超百亿元，
绝大部分是央企。中国建筑以近 400 亿元研发经费投入独占鳌
头，中国中铁、中国铁建等也在研发方面投入巨大，均超过
200 亿元。②

二 研发人次队伍

我国国有企业持续强化科研队伍建设，培育吸引了大量科
技人才，集中了一大批优秀的科研人员，科研队伍不断壮大，
素质水平不断提升。2019 年在中国规模以上工业企业中，平
均每家民营企业拥有 R&D 人员数量为 7 名，而同期国有企业
该项指标为民营企业的 3 倍多（22 名/家）。国有企业 R&D 人
员（以全时当量计）中有 45.98% 具备中级以上职称或博士学
历。2015—2019 年，规模以上国有工业企业中具备中级以上
职称或博士学历人员的比重呈稳步上升态势，年均增速达
到 6.1%。③

国有企业高度重视科技人才培养工作，在国务院国资委统
一部署下，一系列科技创新政策出台实施，推动资金、人才、
政策向科技创新重点企业、重点项目倾斜，实现了一大批技术

---

① 《4200 余家上市公司 2020 年研发经费投入总额破万亿 研发投入增超 12%》，
https：//finance. china. com. cn/stock/zqyw/20210506/5564485. shtml，2021 – 5 – 6。
② 《500 余家研发投入强度超 10% 2021 年上市公司研发费用突破万亿元大关》，
http：//finance. cnr. cn/gundong/20220502/t20220502_ 525814096. shtml，2022 – 5 – 2。
③ 王凡、何颖、王楠：《国有企业与民营企业创新资源差异比较及思考》，
https：//www. thepaper. cn/newsDetail_ forward_ 13815130，2021 – 8 – 12。

突破。到 2020 年，中央企业研发人员有 97.6 万人，其中中国科学院院士、中国工程院院士 229 人；2019 年，中央企业系统里新当选的院士有 18 人。近年来，国资委不断深化各项人才支持和激励制度改革，制定"军令状"制度和"揭榜挂帅"等机制，系统推进中央企业科技创新激励保障机制建设，赋予科研人员在成果转化中的更大自主权，推动中央企业落实国有科技型企业股权和分红激励暂行办法，加大对科研人员的中长期激励力度，等等。截至 2020 年 12 月，共有 119 家中央企业控股上市公司实施了股权激励。从具体的实施效果上来看，有的中央企业上市公司在实施股权激励后，科技人才的离职率更是明显下降了 5.7%。①

三 创新平台建设

国有企业一直以来十分重视创新平台建设，搭建完善的创新平台，形成支持创新的政策体系，这为国有企业创新活动开展提供了重要保障。近年来，国资委也高度重视科技创新工作，专门成立了推动中央企业科技创新工作的领导小组，在 2019 年国资委内设机构的调整过程中，专门设立了科创局，指导推动中央企业带头贯彻新发展理念，强化创新驱动发展，大力推进科技创新工作。许多国有企业拥有独立研发机构和技术开发机构（如研发/技术中心），有能力从事全线性的、全工序性的、基础性的研发。截至 2018 年，179 家企业国家重点实

---

① 《国资委四季度调研"科技创新"摆在重要位置》，《证券日报》2020 年 12 月 11 日。

验室中超过 60% 依托于国有企业，且主要附属于中央企业总部及二级单位。2021 年中央企业的国内外研发机构数量达 4360 个，国家重点实验室 91 个。[1]

四 创新成果

国有企业在科技创新中取得了一系列重要成果，是我国科技创新领域的支柱性力量。随着我国国有企业改革的不断深化，国有企业研发创新效率明显提升，创新质量不断攀升。最近一段时间，天问一号、嫦娥五号、奋斗者号、北斗三号等一大批具有世界先进水平的重大科技成果不断涌现。国有企业在载人航天、深海探测、高速铁路、高端装备、能源化工、移动通信、卫星导航、核电等领域，已经处于世界先进水平，大量科研创新成果的出现推动我国迈向科技强国行列。其中，中央企业的表现尤为突出，"十三五"以来，中央企业累计获得国家科技进步奖、技术发明奖 364 项，占到全国同类获奖总数的 38%。[2]

与此同时，国资委也积极推动国有企业科技创新成果应用推广，带动社会科学技术水平全面发展。2021 年，国务院国资委向全社会发布《中央企业科技创新成果推荐目录（2020年版）》，包括核心电子元器件、关键零部件、分析测试仪器基础软件、关键材料、先进工艺、高端装备和其他 8 个领域，共

---

[1] 闫永等：《国务院国资委就国资国企改革发展热点问题答记者问》，《国资报告》2021 年第 3 期。

[2] 闫永等：《国务院国资委就国资国企改革发展热点问题答记者问》，《国资报告》2021 年第 3 期。

178 项技术产品。这是国资央企践行创新驱动发展战略，努力实现科技自立自强的重要举措，是中央企业坚持在"用"上下功夫的标志性成果，是加快构建新发展格局、维护产业链供应链安全稳定的具体实践。

第三节　国有企业的社会贡献

国有企业不同于其他所有制企业的重要特征在于能够承担独特的社会功能，为社会健康发展做出积极贡献。改革开放以来，我国国有企业主动探索承担社会功能的实践方式，在基础设施和公共服务建设等领域进行大量投资，主动布局收益不确定的基础性研发工作，在重大自然灾害、突发事件的抢险救援中发挥中流砥柱作用，配合实施脱贫攻坚等国家重大民生战略，为经济社会发展和民生福祉改善做出了重大贡献。

一　服务社会民生事业

民生事业具有天然的公共属性，关系到千家万户的基本生活质量，保障民生是国有企业的重要使命。我国国有企业在民生事业领域广泛布局，涉及人民日常生活的煤、电、油、气、运输、通信等领域基本由中央企业或者地方国有企业提供服务，这使得基本生活品的价格和供给得到有效保证，为保持社会基本稳定和国家健康发展提供了重要支撑。党的十八大以来，通信企业、电网企业落实党中央、国务院提速降费要求，为改善人民生活、降低创业创新成本提供有力支撑。2018 年，通信企业超额完成提速降费专项任务，全年降费超过 1200 亿元；电力企业落实降电价政策，全年降低社会用电成本超过 1600 亿元。2019 年第一季度，通信企业贯彻落实提速降费等要求，降费超过 600 亿元；电网企业落实一般工商业用电降价等政策，降低社会用电成本约 140 亿元。① 在关乎民众生活质量的基础设施建设领域，国有企业也成为承担开发建设任务的主力军，建设了大量的铁路公路交通网络、城市公共设施、边远贫困地区各类基础设施等，使得我国城乡社会面貌极大改观，方便了民众的日常生活。特别是从 2018 年以来，中央企业已连续四批向社保基金划转股权，67 家企业已经完成了向社保基金划转股权工作，已累计划转 1.1 万亿元。这是改革和完善我国基本养老保险制度的重要举措，也是国企发展成果支撑民生事业、实现全民共享的充分体现。

二　助力完成脱贫攻坚工作

国有企业是我国扶贫事业的积极参与者和可以依靠的力量，在脱贫攻坚过程中，特别是中央企业发挥了主力军的作用。2016 年以来，国资委和中央企业累计投入各类帮扶资金近千亿元、派出各类扶贫干部 1 万余名，为全国打赢脱贫攻坚战发挥了重要作用、做出了突出贡献。这些资金有效解决了贫困地区"两不愁、三保障"问题。

中央企业主动承担社会责任，不计回报，在贫困地区不断加大电力、通信、网络、交通等重要基础设施投资建设力度，

---

① 《国企改革历程 1978—2018》，中国经济出版社 2019 年版，第 81 页。

有效解决了困扰群众多年的"行路难、吃水难、用电难、通信难"等突出问题。利用企业的资金优势和产业投资经验，创造性打造了扶贫资本运作平台，用国有资本引导各类资本到贫困地区投资，累计引进扶贫企业 900 多家，带动投资 147 亿元。其中，国资委引导全部中央企业（共 96 家）出资设立的中央企业贫困地区产业投资基金，经三期募资规模达到 314.05 亿元，截至 2020 年 10 月底，央企扶贫基金共完成投资决策项目 118 个、投资金额 307.07 亿元，累计引导撬动社会资本约 2600 亿元。援建产业扶贫项目超过 8000 个，扶持乡村龙头企业和农村合作社超过 3300 个。此外，通过消费扶贫为贫困地区的产品打开市场，除央企自购和帮助销售农产品之外，搭建了中央企业消费扶贫电商平台。累计购买贫困地区农产品 68.74 亿元，帮助销售贫困地区农产品 32.66 亿元。直接招用贫困劳动力 1.73 万名，帮助 10.44 万名贫困劳动力实现转移就业。许多大型国有企业在各地的分支机构以及地方国有企业还承担了地方党委、政府安排的大量结对帮扶任务，也为脱贫攻坚工作做出了重要贡献。①

三　推动绿色发展

国有企业积极践行节约资源、保护环境的基本国策，在自身发展过程中落实绿色发展理念，成为我国实现绿色发展的引导者。特别是党的十八大以来，国有企业坚持以习近平新时代

---

① 《央企投入万名干部千亿资金 已助力 221 个县脱贫》，https：//tech. gmw. cn/ny/2020 – 10/16/content_ 34275702. htm，2020 – 10 – 16。

中国特色社会主义思想为指导，认真学习贯彻习近平生态文明思想，坚决贯彻落实党中央、国务院关于碳达峰碳中和的重大决策部署，推动国有企业坚定不移走生态优先、绿色低碳发展道路，扎实有序推进碳达峰碳中和工作，努力发挥示范带动作用，节能降碳工作取得明显成效。

国有企业特别是中央企业积极推动煤炭消费转型升级，合理发展先进煤电，加快现役机组节能升级和灵活性改造，组织能源领域国有企业千方百计打赢能源保供攻坚战。优化电力装机布局，大力推进煤炭清洁高效利用，中央企业先进高效煤电机组占比、清洁能源装机容量占比持续提升，平均供电煤耗逐年下降。国家电投清洁能源装机占比突破60%。新能源消纳和调控能力进一步提升，电网企业新能源利用率超过97%。国家电网在张北建成世界首个柔性直流电网工程，助力实现冬奥场馆100%绿电供应。国家能源集团制定印发2020年新能源"500万＋"行动计划，全年投产新能源521.4万千瓦，开工535万千瓦，使得国家能源集团可再生能源占比达到26.2%。

国有企业强化考核约束，将能源消耗强度、碳排放强度等指标纳入负责人经营业绩考核体系。坚决遏制高耗能、高排放、低水平项目盲目发展。推动中央企业强化用能管理，开展节能评估审查，加快实施节能降碳工程，推进重点用能设备节能增效，中央企业单位产值综合能耗和二氧化碳排放量持续下降。中央企业深入实施大气、水、土壤污染防治攻坚，中央企业二氧化硫、氮氧化物、化学需氧量、氨氮排放量大幅下降。煤电企业如期完成燃煤机组超低排放改造任务，煤炭企业大力推进矿山生态修复和绿色矿山建设，钢铁、建材等企业强化固体废物、危险废物综合循环利用。中国三峡集团、中国节能等中央企业在长江大保护中发挥重要作用。

在国资委领导下，国有企业把碳达峰碳中和纳入国有经济发展全局，服务国家重大战略，努力发挥示范作用。印发实施《关于推进中央企业高质量发展做好碳达峰碳中和工作的指导意见》，成立中央企业碳达峰碳中和领导小组，指导重点企业立足实际、科学合理制定实施碳达峰行动方案。指导中央企业建立健全碳排放统计、监测、核查、报告、披露等体系，积极参与碳排放权交易。[①]

四　在应急抢险救援中发挥重要作用

我国作为一个幅员辽阔、人口众多的大国，应急管理事件和自然灾害多发频发。面对重大自然灾害，国有企业都是最先深入灾情发生地区，迅速投入抢修道路交通、保障供电和通信、运输和供应战略物资、倡导企业志愿者服务以及捐款捐物等活动中，帮助受灾群众渡过难关。灾害救援结束后，国有企业继续投入大量人力、物力和财力用于灾后重建，助力灾区人民重建家园。在一系列洪灾、旱灾、风灾等地质、气象灾害的抗灾救灾、抢援、应急保障等工作中，以及应急突发事件的处理中，国有企业都表现出了出色的家国情怀和责任担当。

特别是在抗击新冠肺炎疫情的特殊情况下，国有企业特别

---

① 《国资委：推动中央企业绿色低碳发展 扎实有序做好碳达峰碳中和工作》，https：// www. ndrc. gov. cn/xwdt/ztzl/2022qgjnxcz/bmjncx/202206/t20220612_ 1327159_ ext. html，2022 - 6 - 12。

是中央企业挺身而出、勇挑重担，充分发挥了大国重器顶梁柱的作用。中央企业在医院建设、生产防护物资、保障煤电油气运和粮食副食品物资供应、疫苗研发等方面都发挥了主导性作用。中央企业坚持算大账、算长远账、算政治账，坚决落实国家助企纾困政策，2020 年主动降电价、降气价、降资费、降路费、降房租，全年整体降低社会运行成本 1965 亿元，起到了国民经济压舱石的作用。在 2020 年风险易发多发的特殊时期，中央企业守住了不发生重大风险的底线，充分发挥了维护经济大局的骨干中坚作用。[1]

第四节　国有企业的国际化经营

国有企业越来越注重统筹国际国内两个市场、两种资源，努力在更深层次、更宽领域、更高水平融入全球经济，加强对外开放和国际交流，"走出去"步伐不断加快，国际化经营能力不断提升，开放促进了国有企业深化改革，同时国有企业改革发展也为我国改革开放事业和国家对外交流做出了重要贡献。特别是党的十八大以来，习近平总书记提出了建立人类命运共同体的重要论断，提出共建"一带一路"倡议，为我国坚定不移地扩大对外开放指明了方向。

---

[1] 《国务院新闻办就 2020 年央企经济运行情况举行发布会》，http://www.gov.cn/xinwen/2021–01/20/content_ 5581263.htm，2021–01–20。

一 国有企业是对外开放的主要力量

国有企业是当前中国企业进行海外投资的主导力量。进入21世纪以来，中国的对外直接投资（Outward Foreign Direct Investment，OFDI）流量规模迅速扩大，2016年首次超过FDI，成为中国企业"走出去"的重要方式之一。从中国对外投资的主体构成来看，国有企业在中国OFDI增长中发挥了重要作用。目前，中央企业和单位对外直接投资占主导地位，实现较快增长；地方企业存量占比超四成。2019年，中央企业和单位对外非金融类直接投资272.1亿美元，同比增长18%；地方企业897.4亿美元，占全国非金融类流量的76.7%。根据中国企业联合会、中国企业家协会发布的《2020中国100大跨国公司分析报告》数据显示，以各大企业海外资产总金额为排行依据，我国Top100跨国公司中，国有及国有控股公司73家，其中中央企业38家。[①] 从发展趋势来看，国有企业在"走出去"的早期发挥了不可估量的作用，中央企业对资金提供、项目建设和市场开拓起到了关键作用，在基础设施、能源资源、产能合作等领域的占比一直处于主导地位，同时也为民营企业海外市场开拓起到正向示范、正向促进作用。

国有企业对欧美等西方发达国家的投资力度加大。随着世界经济形势的快速变化特别是受到国际金融危机的影响，加之国有企业经营管理能力的提升，我国国有企业对外投资逐步由

---

① 《国企主力地位不改 2020中国100大跨国公司发布》，http：//www.cinn.cn/gywh/202009/t20200928_234008.html，2020-9-28。

主要集中在亚洲地区变为向西方发达国家的投资越来越多；但值得注意的是，近期以来，受欧美发达国家对中国投资态度的转变和新冠肺炎疫情对全球产业链的冲击，中国对外投资发展明显受阻，不仅项目和金额总量出现下降，并且投资地区也呈现收缩趋势，投资偏好有向东亚回归的趋势。2017 年之前，中国对外投资着力开拓欧洲和美国市场，欧美地区投资占比从2005 年的 9.6% 上升为最高值时期的 48.7%，并且受政策导向、投资环境等因素影响，对非洲、西亚、南美、阿拉伯中东和北非的投资比重也曾达到过 24.7%、37.4%、29.7%、21.3% 的阶段性高值。但从 2017 年后的发展趋势来看，中国对外投资回归东亚地区的趋势十分显著，2019 年和 2020 年两年，东亚地区投资份额分别占到 21.1% 和 34.7%，均超过欧美及其他地区的投资份额。① 随着对外投资规模、范围的不断扩大，我国国有企业对外投资不再局限于金融危机之前所关注的能源、金属及运输等领域，而是深入到股权置换、绿地投资、开创产业园等。虽然投资仍然以直接投资和跨国并购为主，但是已经广泛涉及房地产、农业、技术、物流、旅游、娱乐、金融、工业制造、租赁服务、批发零售等多个领域。

二 积极参与共建"一带一路"

作为我国对外经济合作的重要市场主体，国有企业在推动"一带一路"建设从"大写意"转向"工笔画"过程中发挥了

---

① 张原：《中国对外投资的特征、挑战与"双循环"发展战略应对》，《当代经济管理》2021 年第 7 期。

积极作用，通过参与互联互通建设、提升国际合作水平、增进相互理解与信任，推动共建"一带一路"走深走实、造福人民。截至 2020 年 1 月，中国已同五大洲 140 个国家和 31 个国际组织签署 206 份共建"一带一路"合作文件。国有企业作为国家经济的核心和支柱，自然成为海外布局和推进"一带一路"建设的主力军。①

"一带一路"倡议提出以来，国有企业积极践行"共商共建共享"理念，参与沿线国家基础设施互联互通、能源勘探开发、可再生能源开发利用、国际产能合作等领域合作项目，成为构建人类命运共同体、实现共赢共享理念的积极践行者。截至 2021 年 1 月，81 家中央企业在"一带一路"沿线承担了超过 3400 个项目，包括基础设施建设、能源资源开发、国际产能合作等领域的一大批具有示范性和带动性的重大项目和标志性工程，成为推动"一带一路"从理念转化为行动、从愿景转变为现实的重要力量。② 国有企业帮助相关国家推进工业化、城镇化和现代化，努力同相关国家和企业共享机遇、共谋发展。投资成果具有普惠性，通过为发展中国家提供更多发展机遇和空间，有助于解决全球治理的发展赤字问题。在国有企业的带领下，"一带一路"投资坚持多边合作，注重合作开放性，使得投资主体日趋多元，实现了多主体共同参与，互利共赢。

----

① 《我国已与 140 个国家、32 个国际组织签署 206 份共建"一带一路"合作文件》，https：// finance. sina. com. cn/jjxw/2021 – 12 – 15/doc-ikyakumx4358958. shtml，2021 – 12 – 15。

② 《国资委：81 家央企承担逾 3400 个"一带一路"项目》，https：// news. cctv. com/2021/01/19/ARTItgNze0cQPMm5cmkNw1ur210119. shtml，2021 – 01 – 19。

国有企业在参与"一带一路"建设中坚持依法诚信经营，积极投身公益事业，在改善当地民生、推动协调发展、促进文化交流等方面发挥着积极作用。以我国国有能源企业为例，一方面，通过能源贸易往来、能源项目合作以及技术好人才交流，为密切双边经贸关系及人文往来提供了很多机会；另一方面，在消除能源贫困、提高能源利用效率、推进能源转型、环境保护等可持续发展方面也取得一定成效，通过稳步推进"一带一路"重大能源项目建设，不仅提升了企业品牌美誉度和影响力，也加深了沿线国家对"一带一路"倡议的信任度。

2020年以来，面对复杂的国际形势特别是新冠肺炎疫情的冲击，中国同有关国家守望相助、共克时艰，推动共建"一带一路"取得了新进展、新成效，一批重大项目进展平稳，尤其是"健康丝绸之路""数字丝绸之路"建设成效明显。国资委成立了境外防控指导组，建立24小时值班制度，统筹指导央企加强境外疫情防控、有序开展生产经营。目前，一大批境外项目和园区建设在克服疫情中稳步推进，没有"一带一路"重点项目因疫情停工。雅万高铁、中老铁路等600多个项目顺利完工，多项重要节点工程开工或竣工。一批标志性项目促进了"一带一路"建设，截至2020年年底，中白工业园入园企业达68家，协议总投资额12.2亿美元；格鲁吉亚E60高速公路竣工通车。① 同时，沿线国家企业也看好中国发展机遇，在华新

---

① 《国资委：81家央企承担逾3400个"一带一路"项目》，https://news.cctv.com/2021/01/19/ARTItgNze0cQPMm5cmkNw1ur210119.shtml，2021-01-19。

设企业 4294 家，直接投资 82.7 亿美元。① 国有企业在全力做好境外疫情防控和复工复产攻坚战的前提下，计划继续与各国不断深化基础设施建设，产业、经贸、科技创新、公共卫生等领域的务实合作，为把"一带一路"打造成为合作之路、健康之路、复苏之路、增长之路做出贡献。

---

① 《面对疫情考验"一带一路"建设展现出强大的韧性和活力》，http：//finance. people. com. cn/n1/2021/0419/c1004－32081552. html，2021－04－19。

第四章

国有企业高水平自立自强使命

构建新发展格局最本质的特征是实现高水平的自立自强，而自立自强的关键在于科技的自主创新。在新发展阶段，创新在我国现代化建设全局中处于核心地位，科技自立自强是"十四五"规划的首要任务目标。因此，国有企业要在加快构建新发展格局中发挥作用，必须以提高科技自主创新能力、实现国家高水平自立自强为使命。习近平总书记尤其要求中央企业等国有企业勇挑重担 、敢打头阵，勇当原创技术"策源地"，①因此，如何更好地实现国有企业科技自立自强使命，是新发展阶段国有企业改革发展的重大任务。

---

① 习近平：《论把握新发展阶段、贯彻新发展理念、构建新发展格局》，中央文献出版社 2021 年版，第 485 页。

第一节　实现国有企业高水平自立自强使命的意义

根据政治经济学原理，生产居于社会经济活动的核心环节，一定的生产决定一定的消费、分配、交换和这些不同要素相互间的关系。社会再生产要保持连续，这四个环节之间必须形成有机整体。国民经济要实现更大规模、更高水平的发展，就必须优化升级生产、分配、流通和消费体系，使它们相互促进、协同发展。这意味着要牢牢把握生产这个环节，扎实提高科学技术水平，不断发展先进生产力，确保核心生产技术、工艺、流程掌握在自己手中。关键核心技术是国之重器，对推动我国经济高质量发展、保障国家安全具有十分重要的意义。近年来，我国科技事业发展取得很大成就，但是我国科技发展总体水平，特别是关键核心技术创新能力同国际先进水平相比还有很大差距，底层基础技术、基础工艺能力不足，工业母机、高端芯片、基础软硬件、开放平台、基本算法、基础元器件、基础材料等瓶颈仍然突出，关键核心技术受制于人。

习近平总书记指出，实践反复告诉我们，关键核心技术是要不来、买不来、讨不来的。① 如果核心元器件、核心技术严

① 习近平：《论把握新发展阶段、贯彻新发展理念、构建新发展格局》，中央文献出版社 2021 年版，第 271 页。

重依赖外国，供应链的"命门"掌握在别人手里，我们经济的抗风险能力和发展潜能将会严重受损。只有把关键核心技术掌握在自己手里，才能从根本上保障国家经济安全、国防安全和其他安全。我国必须切实提高关键核心技术创新能力，把科技发展主动权牢牢掌握在自己手里，为我国构建新发展格局提供有力科技保障。

这需要充分发挥社会主义市场经济的独特作用，既要利用社会主义制度的优势，又要遵循市场经济规律。科学家和企业家是创能活动的重要主体，如何激发主体活力，形成关键核心技术攻坚体制，构建国家战略科技力量，是打好关键核心技术攻坚战的首要命题。一方面，要健全社会主义市场经济体制下的新型举国体制，优化学科布局和研发布局，推进学科交叉融合，完善共性基础技术供给体系。将国家实验室作为重要抓手，以重大科技任务攻关和国家大型科技基础设施为主线，整合国家创新资源，建立目标导向、绩效管理、协同攻关、开放共享的新型运行机制。同时，也要发挥重要院所高校国家队作用，推动科研力量优化配置和资源共享，建设综合性国家科学中心；另一方面，要发挥好企业在技术创新中的主体地位。科技创新不仅是实验室里的研究，更重要的是将科技创新成果转化为推进经济社会发展的现实力量。特别是关键核心技术更与现实的生产环节密切相关，其研发过程和应用场景都是围绕企业的生产经营活动来进行的。要以企业为主体，市场为导向，产学研相结合，构建技术创新体系，使企业成为真正的技术创新决策、研发投入、科研组织、成果转化的主体。

国有企业在技术创新方面始终是中坚力量，在发展中国家的特定条件下，通过国有企业的形式，利用政府集中资源，实施产业政策，与间接地通过税收、补贴等方式指导或引导私人部门相比，可以避免信息不对称和高昂的交易费用，因此具有较高的效率。一方面，国有企业可以作为战略产业的先行投资者，引导产业发展；另一方面，国有企业与私有企业不同，其终极目标是实现经济整体效益最大化而并非企业自身效益最大化，因此，发展中国家在技术引进过程中，国有企业能够更为集中地使用资源，遵循国家整体技术规划；在技术研发中，国有企业能够承担更大的技术研发风险，增大技术研发投入；从而能够更好地实现技术外溢效应，推动技术升级和产业进步。

在实现高水平科技自立自强的过程中，国有企业能够发挥其他类型企业所难以发挥的积极作用。首先，由于国有企业发展的历史特点，国有企业内部本身拥有许多国家重点实验室、研究院所等单位，许多都有着较为深厚的技术积累和人才积累，具备一定的科研实力。并且这种国有企业内部的科研力量是内嵌于国家创新体系之中的，能够更好地支撑新型举国体制发展。其次，国有企业经过多年改革，已经成为独立的市场主体，相比于高校科研院所，对于关键核心技术的取得和科技成果的转化有着更为迫切的需求，能够成为推动关键核心技术攻坚战取得突破的重要力量。最后，国有企业作为技术创新主体，既通过国有企业监管体制，紧密对接国家发展战略，服务国家发展目标和战略需求；又能充分利用市场经济中的灵活机制，调动各方面科研力量和资源，以市场需求为导向，准确把握关键核心技术的迭代方向。因此，国有企业应充分认识到自身肩负的使命，利用在社会主义市场经济体制下国有企业所具有的独特优势，在实现科技自立自强这一目标指引下充分发挥应有的作用。

国有企业聚集了国家最重要的科技创新资源，代表了国家重要的战略科技力量，"十三五"时期国有企业在科技创新方面取得突出成绩，为"十四五"时期进一步发展打下了良好基础。不过需要指出的是，国有企业总体上研发投入还严重不足，尤其是在基础研究方面投入更少。以中央企业为例，2020年中央企业研发经费投入同比增长11.3%，研发经费投入强度为2.55%，同比提高0.3个百分点，其中中央工业企业研发经费投入强度达到3%。不过这一数据与国际上比较仍有不小差距，2019年《财富》500强企业中，美国上榜的102家非金融企业研发经费投入强度平均高达6.2%。面对众多"卡脖子"关键核心技术薄弱环节，国有企业尤其是中央企业还没有很好地发挥作用从而实现迅速突破。

习近平总书记强调，中央企业等国有企业要勇挑重担、敢打头阵，勇当原创技术的"策源地"、现代产业链的"链长"。党的十九届五中全会明确提出，要把科技自立自强作为国家发展的战略支撑，要发挥国有经济战略支撑作用。在新发展格局下，未来相当长时期内中美科技对抗将是我国建设社会主义现代化强国的重要约束和驱动。中央企业掌控了大量战略性资源，具有强大的投资能力，不仅具有一般企业的盈利性属性，更承担着维护经济社会稳定的政治任务和壮大我国综合国力、

牵引经济社会发展的战略使命，既有义务也有责任在强化国家
战略科技力量方面发挥更加积极的、引领性的、示范性的、不
可替代的战略作用。

第二节　中央企业实现高水平自立自强的定位和任务

　　国有企业特别是中央企业作为我国经济发展的中坚力量，
具有资源和政策方面的综合优势。特别是大型国有企业可以通
过产业链整合战略，提高大企业的集成创新能力和资源整合能
力，建立完善的创新资源整合机制，最大程度地集聚创新资
源，充分发挥各类创新资源的作用，推动产业链不同环节间的
交互式学习和互动，加强区域内部和区域之间的合作，打通战
略产业价值链，实现产业资源的有效整合。比如，在电子信息
产业中，发展的关键就是促成整机企业与集成电路设计企业、
软件开发企业、研发机构的合作，设计新产品，提高自主品牌
产品的市场份额，用自主知识产权的核心技术来化解国外厂商
设置的知识产权壁垒和标准陷阱，提高整个产业的国际竞争
力，形成一批具有核心竞争力的民族企业，逐步形成本土自主
创新型的产业发展模式。本研究认为，中央企业在国家创新体
系中的定位，要以满足国家科技自立自强的战略要求和符合中
央企业自身的制度性特征为基础，聚焦"两大使命、三大定
位、五大任务"。

一 技术范式视角下政府和国有企业在突破性创新体系中的作用

新一轮科技革命是成长中的新技术范式取代传统技术范式的过程，其在生产领域的广泛运用则促进了产业变革。技术范式包括两个维度，一是技术成熟度，二是技术复杂度（又称为技术架构）。一方面，技术成熟度指的是技术在由科学知识突破到研发成果应用的不同演化阶段所达到的产业可用程度。在新一轮科技革命中，突破性的技术进步越来越依赖于基础科学知识的发展。对源于科学发展的新技术而言，随着研发活动从"纯科学研究"到"纯技术开发"推进，其载体形式逐步从基础科学知识与应用基础科学知识向具有多样化潜在应用价值的共性技术、再向针对特定产业或产品应用的专有技术、最终向应用共性技术与专有技术的新产品转变。在此过程中，技术越来越接近产业应用端，成熟度和产业可用性不断提高；另一方面，技术复杂度或者技术架构指的是特定产业为了产出特定产品所需的产业技术知识以及中间投入产品的类型及其关联特征。产品涉及的产业技术知识和中间投入产品的种类越多，关联层次越多，制造过程和产业链越长，技术复杂度就越高，技术架构越复杂；反之，技术架构则越简单，技术复杂度越低。例如，高精度光刻机就属于涉及多个学科知识领域和大量中间产品、产品层次多且产业链长、技术架构高度复杂的产品系统，标准螺丝则是主要涉及单一技术领域、单一产品层次的简单产品。新一轮产业变革和产业升级过程往往体现为技术架构由简单向复杂的提升过程。

政府高效介入并加速推进新一轮科技革命和产业变革的前提，是理解不同技术领域和产业领域内技术范式的变化特点，并据此适时调整自身在突破性技术和产品创新链条中的干预范围和干预方式。从技术成熟度出发，政府以财政资金投入公共科研机构、大规模研发补贴等"强直接干预"方式支持突破性创新的重点，应当是基础科学、应用基础科学、共性技术等低成熟度技术。这些技术距离应用端过远，存在鲜明的"竞争前"特征和"市场失灵"问题，市场主体投入的不确定性过高、积极性不足，相关创新活动只能由政府资助的公共性研究机构或科学联合体承担。随着技术成熟度进一步提升，新技术脱离"竞争前"阶段，进入专有技术研发、产品研发的市场"技术竞争"阶段，创新活动的"接力棒"开始由公共性研究机构向以技术开发和应用为主的市场主体转移，政府也应逐步减少"强直接干预"，转而以提供有利于创新成果产业化的制度供给支持市场主体创新。从技术架构出发，政府通过牵头组织科技攻关等方式"主导"突破性创新过程的重点，应当是需要多元化创新主体跨领域长期协作完成研发的复杂产品系统及其相关"卡脖子"技术。这些技术的研发与投产高度依赖于产业网络中知识领域不同、发展目标不同、规模不同的多样化企业互动与合作，存在很高的机会主义、信息不对称风险和由此而来的"系统合作失灵"问题，市场主体的有效合作往往需要优越的制度保障。这种情况下，政府主导模式有利于推动具有密切技术相关性和投入产出关系的企业之间形成高效协同机制。相比之下，技术复杂度和协作难度较低、对专用性资产投资要求较少的简单产品，市场主体可以通过市场机制建立有效的协作创新关系，缺少政府干预的必要性。

从一定意义上说，国有企业可以作为一种产业政策手段，通过国有企业使命要求、国有资本功能定位，政府可以将国有资本有效配置到服务于国家特定产业发展目标和技术创新要求上。国有企业的这种产业政策定位，为了与竞争政策协调，就要求国有企业在市场竞争中遵循"竞争中性"的原则。对于中国国有企业而言，既要充分发挥国有资本功能定位和实现国有企业使命要求，又要坚持"竞争中性"保护市场公平竞争，一个基本前提是坚持分类改革与分类监管。也就是说，公益类和特定功能类国有企业（商业二类）需进一步发挥国有经济战略支撑作用，推动国有资本进一步聚焦战略安全、产业引领、国计民生、公共服务、基础创新等功能；充分竞争领域的国有企业（商业一类）需强化资本收益目标和财务硬约束，增强流动性，完善国有资本优化配置机制。这意味着，公益性和特定功能类国有企业应定位于在技术成熟度相对低、技术复杂度相对高的技术范式下承担创新主体功能、发挥创新作用；商业一类企业则应更多定位于在技术成熟度相对高、技术复杂度相对低的技术范式下发挥作用。当然，这并不意味着商业一类企业不能承担高复杂度、低成熟度的技术创新，只是政府不能对此类企业有这样的直接要求，而应该通过市场方式激励其创新行为。

二 中央企业在强化国家战略科技力量方面的基本定位

在中美科技对抗不断极化的大背景下，中央企业作为党和国家最可信赖的依靠力量的合理性和合法性，将越来越聚焦于强化国家战略科技力量、保障国家经济安全这一政治任务。这决定了未来中央企业在国家创新体系中的两大战略使命：一是国有企业自身在中美科技竞争中我国处于被动局面的"卡脖子"技术领域以及能够帮助我国构筑"非对称竞争优势"的技术领域，实现技术突破和产业领先，成为强化国家战略科技力量的创新供给者；二是充分发挥中央企业的政治担当和大规模应用优势，带动战略性产业链和创新链整体能力的提升，成为强化国家战略科技力量的组织带动者。总体上看，目前中央企业行使第一项战略使命的绩效较为突出，但行使第二项战略使命时存在战略思路不清晰、任务重点不明确的问题。未来中央企业应在进一步强化第一项战略使命的基础上，着力通过突出产业链链长功能、组织战略性领域科技、推动产业整体推进体系建设等途径，强化自身作为国家战略科技力量组织带动者的战略使命。

在明确中央企业强化国家战略科技力量方面的战略使命的基础上，应进一步从中央企业的制度性特征和资源基础出发，明确中央企业强化国家战略科技力量中的定位（优先领域）：一是复杂产品系统成熟技术赶超与自主产业链构建，二是突破性新兴技术大规模产业化，三是关键共性技术研发与扩散。

表4-1 中央企业在强化国家战略科技力量中的优先突破领域

技术领域		优先领域	次要领域
企业专有技术	成熟技术	复杂产品系统技术	高度模块化产品技术简单产品技术
	新兴技术	新兴产业领域突破性技术的产业化,特别是大规模产业化	新兴技术本身的突破
共性技术		中央企业具有技术优势基础的关键共性技术	中央企业不具有技术优势基础的关键共性技术

资料来源:作者整理。

第一,在成熟度较高、需要大规模团队协作与集成创新的复杂产品系统领域,牵头推进集成技术和"卡脖子"技术突破与赶超。复杂产品系统以运载火箭、高速列车、燃气机组、大飞机等为代表,多为支撑大规模制造产品和先进解决方案供给的重要生产资料,是工业发达国家限制技术外流的重点领域,也是当前我国科技和工业自立自强的重大风险点。这类产品涉及多层次、多领域的技术和软硬件集成,产业链极长,因此普遍采用成熟技术以确保系统可靠性和稳定性。由于技术复杂度和成熟度"双高",复杂产品系统的技术赶超难度极大,但主导技术路线明确且成熟,赶超目标与路径清晰。此时,技术赶超的最大障碍不是广泛探索并灵活调整技术路线,而是如何为产业链上的后发创新主体创造有望形成商业正循环的规模化市场,如何激励各层次、各类型创新主体为系统级的技术突破与性能改进而进行专用性投资。中央企业虽然在战略灵活性和能力动态性上有所不足,但产品和技术应用规模占优,有条件作为总成企业或用户,为复杂产品系统及相关软硬件创造规模化市场；同时又具备面向重大创新使命、开展高集成度复杂产品攻关与工程化的跨组织乃至跨产业协同创新惯例，能够通过行政和市场两种机制协调产业链上下游的多层次、多类型创新主体，在牵引复杂产品系统全产业链合作研发、实现技术突破与赶超上优势明显。与此相比，高度模块化的产品或简单产品的技术路线变化较快，技术突破与赶超对企业自身的技术敏感度和战略灵活性要求更高，不宜作为中央企业优先发展的战略性创新领域。

第二，在成熟度快速提升、接近工程化产品化阶段的关键新兴技术领域，牵头启动并推进大规模产业化，培育本土化自主产业链。2020年10月，白宫发布《关键和新兴技术国家战略》，指出通信网络、人工智能、新能源、半导体、量子信息等技术将是决定未来全球各国相对地位的关键新兴技术。从发展现状来看，其中不少技术的成熟度正在迅速提升，部分已形成初步概念和应用方案，正在进入应用场景验证和工程化、产品化改进阶段。而这些关键新兴技术是否能顺利从实验室科研成果向工程化产品跃迁，高度依赖于多样化应用场景下的测试与纠错。中央企业作为在市场主体层面体现国家意志的制度安排，可以通过创造首批试验性市场、提供应用测试场景等多种方式调动资源，率先参与到此类新兴技术工程化、产品化的各个环节之中，成为传导并贯彻国家战略性创新政策和产业政策的支柱。此外，由历史因素所决定，中央企业多数处于产业生态的潜在核心位置，有条件在关键新兴技术进入产业化阶段之际，发挥其作为市场主体的力量，作为"产业链链长"，协调连接产业链的断点和产业生态循环的堵点，牵引构建自主性的关键战略性技术全产业链，培育协同有效、跨行业联动的产业生态。需要指出的是，高度层级化的管理制度、股权投资和风险投资的监督制度以及指向产业化的创新激励制度决定了，中央企业在新兴技术本身的突破性创新上不具有显著优势，不宜优先进入技术成熟度较低、距离工程化产品化较远的新兴技术领域。

第三，在具备技术优势和市场优势地位的领域，牵头推进关键共性技术研发与扩散，带动先进科技成果向现实生产力快速转化。共性技术是连接基础研究成果和产品技术的桥梁。这类技术潜在应用范围广泛，但技术路线和应用前景尚不明朗，同时具有很高的收益外部性和信息不完全性，因此面临严重的市场失灵问题。要在新一代战略性技术产品化、产业化、市场化的全球竞争中抢得先手，就要通过恰当的政府干预，扩大产业共性技术供给，尽快催生、催熟依赖于新一代共性技术的新产品、新服务、新工艺和新市场。中央企业是具备公共性的市场主体，既存在增进社会公共利益投入共性技术研发，甚至为此部分牺牲商业利益的长期动力，又掌握在竞争中实时形成的、有关战略性前沿技术产业化方向的市场需求，还因身处产业链核心环节或作为大规模用户而形成了广泛的产学研合作关系和技术扩散关系。从这些特征出发，中央企业能够成为关键共性技术研发与扩散网络中的重要支撑力量。考虑到共性技术研发的高风险和高资源投入，中央企业主导或参与共性技术研发应以"求精、求实"为根本原则，聚焦于自身技术或市场优势明显、能有效协调相关创新主体合作并落实成果应用的领域；而不是"求大、求全"，向具有一定技术关联度但企业并不具备技术或市场优势的领域盲目扩展，造成资源摊薄、协同困难，甚至挤出其他更有效率的创新主体。

三　中央企业实现高水平科技自立自强的关键着力点

中央企业等国有企业要勇挑重担、敢打头阵，勇当原创技术的"策源地"，从而更好地实现高水平自立自强使命，应聚焦以下五个方面发力。

1. 以推动技术和产业总体推进体系建设为抓手，树立中央企业的创新链、产业链"链长"功能。中央企业的"产业链链长"功能一方面来自中央企业自身的资源优势，特别是利用自身的大规模需求获得协调产业链上下游的"经济合理性"，同时也需要加强与发改委、工信部等产业管理部门的沟通协调，争取来自国家政策的"制度合理性"。

2. 以新型关键共性技术研发平台建设为抓手，强化中央企业在国家科技基础设施中不可替代的战略性支撑作用。中央企业共性技术研发机构的定位：一是在物联网、生物医药、新材料、数字创意等中央企业具有优势而国家"十四五"规划又确定为战略性产业的领域开展关键共性技术攻关；二是通过技术预见部门的设立和发展、通过技术预见人才的引进和培养，大幅提升中央企业自身和我国战略性产业的技术预见能力；三是推动产学研各界联合研发共性技术的良好平台，采取"政府牵头组织、政企共同治理、市场化管理"的方式，真正建立起社会广泛参与的关键共性技术研发合作机制。

3. 以组织攻关国家科技重大专项为抓手，强化中央企业在战略性科技策源方面的引领作用。中央企业应积极把握国家科技重大专项组织实施模式改革的有利时机，加快研发部署、组织协调机制建设和重大科技项目组织管理人才的推荐选拔，为自身在国家科技重大专项中发挥更加积极、广泛的龙头作用做好能力建设和资源准备。

4. 以创造领先市场为抓手，强化中央企业在引领战略科技力量需求方面的引领作用。为在更大范围、更有效率地发挥中央企业在国家创新体系中的领先用户和需求牵引功能，建议进一步研究制定中央企业支持自主创新的采购政策，建立中央企业采购自主创新产品协调机制，对国内企业开发的具有自主知识产权的重要高新技术装备和产品，实施中央企业首购政策，国资委对中央企业采购国产高新技术设备提供特别的政策支持，推动形成中国自主技术标准。

5. 以"母工厂"建设为抓手，强化中央企业在我国先进生产制造体系中的引领示范作用。以智能工厂和工业互联网的研发应用为核心，强化前沿生产制造技术体系的突破。推动高新技术的快速、高质工程化（包括小试、中试和规模化生产）。通过研究开发部门和"母工厂"的协同合作加速创新，加速中央企业战略性技术的开发和创新。为中央企业在全国乃至全球的子（分）公司和生产制造基地提供标准、设备、工序、工艺、模具、工具等方面的生产技术支援，提高中央企业的总体制造能力和生产效率。

表4－2　中央企业在强化国家战略科技力量中的使命、定位和任务

战略使命	定位（优势领域）	重点任务
战略科技力量的创新供给者	复杂产品系统技术突破与产业化	母工厂建设 战略性技术的需求和应用 关键共性技术研发和扩散 组织攻关国家科技重大专项 产业链链长（科技和产业总体推进体系）
战略科技力量的组织带动者	新兴产业领域突破性技术的产业化、特别是规模化产业化	
	中央企业具有技术优势基础的关键共性技术	

注：重点任务兼具强化国家战略科技力量创新供给者属性和组织带动者属性，但总体上看，由上而下，中央企业在强化国家战略科技力量方面的公共性，即组织带动者属性逐步加强。

资料来源：作者整理。

第三节　国有企业实现科技自立自强使命的政策导向

国有企业作为推动创新驱动发展的重要主体，是国民经济发展的支柱性力量，必须不断深化国有企业改革，着力加强国有企业的创新功能，充分激发国有企业在国家创新驱动发展战略中的潜能。国有企业应围绕原创性技术创新进行大量资本布局，对国家重大科技和产业化项目进行科学战略部署，强化基础研究投入，提高高级技能工人占比，完善科技服务体系，在积极探索市场经济条件下的新型举国体制和推进创新攻关的"揭榜挂帅"体制机制的过程中发挥重要作用。国有企业尤其是中央企业要成为新型举国体制下的科技自立自强的核心平

台，组织协调攻关重大的、战略性、基础性、共性技术问题，提升重大项目的组织实施效率。围绕提升国有企业科技创新水平推进相关国资国企改革举措，使得国有企业尤其是中央企业真正成为构建新发展格局的原创性技术的策源地。

人才是创新活动中最为活跃、最为积极的因素，是创新活动的根基，从某种意义上来讲，创新驱动实质上是人才驱动。国有企业应重视人才培养，加快形成一支富有创新精神、敢于承担风险的创新型人才队伍。同时，要建立灵活的人才流动通道，充分利用市场化的手段，广泛吸引各类科技创新人才，择天下英才而用之。特别需要指出的是，科技自立自强是从上而下的系统工程，既要重视科学家型的人才，也要注重对于知识型、技能型、创新型劳动者的培养，许多关键核心技术的攻破，正是研究者与一线操作者在相互碰撞的过程中产生的，国有企业更应该肩负起弘扬工匠精神、塑造精益求精的敬业精神的重要任务。

一　充分发挥"管资本"为主的国有资本监管体制优势

以"管资本"为主的国有资本管理体制改革为国企改革持续深化增添了强劲动力。以管资本为主加强国有资产监管，就是要打破传统体制，适应当前国有资产资本化、国有股权多元化的发展实际，更加尊重企业市场主体地位和企业法人财产权，使企业微观主体活力得以释放。完善国有资本监管体制，引导国有资本向前瞻性、战略性产业集中，向产业链、价值链中高端集中。完善新兴产业投资体制，明确新兴产业投资主体，促进国有资本布局具有持续发展能力的新兴产业。加强产业布局，引导投资方向，发挥国有资本的引导和放大效应，参与布局适合的民营资本项目，实现股权多元化，平衡好国资使命与市场化收益之间的关系。加强国有资本在科技创新领域的布局，切实解决关键领域和核心技术的"卡脖子"问题。国有资本要引导资本市场各种要素资源投向科技创新，形成种子基金、天使投资、担保资金、创投引导资金、产业基金等全链条的金融支持体系。

国有资本投资公司和国有资本运营公司是完善国资管理体系和实现"管资本为主"的核心环节。"两类公司"的建立是促进政企分开和政资分开，实现出资人与公共管理者职能、国有资本所有权与企业经营权、资本运营和生产经营"三权分离"的最重要举措。"两类公司"在传统产业集团模式向现代化资本投资运营公司转型的过程中，要弱化基于母子公司概念的"集团管控"，强化基于平等法人财产权意义上的"公司治理"，弱化实业经营企业的"业务体系"观念，强调注重投资收益和风险防控的"投资组合"意识。"两类公司"要适应竞争政策、支撑创新政策和落实产业政策，发挥考核评价体系的导向作用。"两类公司"要将产业投资基金作为培育发展战略性新兴产业的重要途径，聚焦创新型和高成长型企业，探索进入"云大物智"等技术领域，参与解决国家产业体系"缺芯少魂"问题及"卡脖子"技术难题。同时，设立产业扶贫基金、投资康养产业，助力民生发展，加大对经济社会发展重点领域、薄弱环节的投入力度。

二　以加强国有企业基础性研究为导向优化政策激励

加强基础研究是提高我国原始性创新能力、积累智力资本的重要途径，是实现我国高水平科技自立自强、跻身世界科技强国的必要条件，是建设创新型国家的根本动力和源泉。应当调整优化政策激励，将国有企业研发重点放在若干前沿领域，解决一批国家经济社会发展中的关键科学问题；建设一支高水平的基础研究队伍，为建设创新型国家和跻身世界科学强国奠定坚实的基础。

第一，针对产业发展关键制约环节合理布局科研力量。在国家层面上，构建以国有企业为主体、国有大型企业为主导、其他所有制企业广泛参与的生产技术研发体系和以大学、独立科研院所为载体的基础研究体系相结合的新型科研体系。第二，采取专项支持等措施加强国有企业与科研院所在基础性问题研究方面的协同合作。行业主管部门和国有企业可以拿出专项经费，支持科研院所对行业共性问题、大型设备研发进行基础性研究，为国有企业及其所在行业的可持续发展奠定良好基础。第三，鼓励国有企业深化科技创新激励机制改革，引导科研类国有企业实行员工持股。优先支持人才资本和技术要素贡献占比较高的转制科研院所、高新技术企业、科技服务型企业开展员工持股试点，支持对企业经营业绩和持续发展有直接或较大影响的科研人员持股，激发创新创造热情。

三　激发国有企业经营管理者的企业家精神

企业家是国有企业创新活动的重要决策者和关键因素。为了更好地培育和激发国有企业家精神，国有企业作为市场经济的主体，必须要按照市场经济的内在要求，加快建立现代人力资源管理体系：一是建立职业经理人制度，减少行政任命管理人员，合理增加市场化选聘比例，更好发挥企业家作用。建立健全有别于行政干部的企业经营管理者选聘、考核、奖惩和退出机制。二是进一步完善国有企业经营管理者的薪酬机制。合理确定并严格规范国有企业管理人员薪酬水平、职务待遇、职务消费、业务消费。完善职工收入分配调控方式，逐步实现薪酬分配制度与市场接轨。三是充分尊重和保障企业家的经营自主权，建立和完善容错机制。鼓励探索创新，支持担当作为，允许试错，宽容失误。营造尊重企业家价值、鼓励企业家创新、发挥企业家作用的舆论氛围。对国有企业家要以增强国有经济活力和竞争力为目标，在企业发展中大胆探索、锐意改革所出现的失误，只要不属于有令不行、有禁不止、不当牟利、主观故意、独断专行等情形者，要予以容错，为担当者担当、为负责者负责、为干事者撑腰。

四　完善和实施国有科技型企业股权和分红激励政策

合理有效的股权和分红激励政策是企业创新活动的重要催化剂，要加快推进国有科技型企业股权分红激励改革工作落实落地。一是有序推进试点，稳妥精准施策。结合科技型企业特点精准施策，重点鼓励科技成果实现产业化的企业开展岗位分红权激励，科技成果转化能力较强的企业实施项目收益分红激励，科技成果进入成熟期的企业实施股权激励，小微企业探索实施股权期权。二是加强政策宣贯，强化经验推广。在国资委层面，组织大范围、多层次的政策培训，复制推广好经验、好做法。在中央企业集团公司和地方国资部门所属一级企业层面，通过专项培训、集中辅导、专家把关、案例交流等方式，对所属科技型企业加强指导。三是适当降低实施门槛，提高激励力度。对于新成立、处于行业下行周期的科技型企业，适当降低实施门槛和激励兑付条件；对于前几年业绩增长异常或业绩增幅远高于行业平均水平等特殊情况给予指导，允许企业结合行业平均增长水平、对标企业增长水平等合理确定净利润增长率的业绩考核条件。放宽单个激励对象获得的激励股权不得超过企业总股本的3%的比例限制；提高岗位分红人员数量和金额、股权激励总额、单个激励对象的股份比例等，促进提高激励力度。四是突破难点问题，创新实施机制。进一步拓展政策适用范围，将激励对象范围扩大到"科技型企业及其子企业的员工"，鼓励符合条件的事业单位参照股权和分红激励政策实施激励，同时允许中型企业采用股票期权方式进行激励；进一步加强中长期激励政策框架设计，将科技型企业激励与上市公司股权激励、员工持股等相关政策进行衔接，在离开/退出年限、股权锁定期限、股权激励比例、股权预留等方面进行统一。修改完善政策体系，明确利用职务科技成果作价投资、多次实施股权激励、非国有股东股权转让价格、5年期满后股权退出方式、股权期权定价等政策难点；完善项目收益分红激励成本核算政策，加快研究解决科技成果确权、技术入股价格评估等难点问题。

第五章

国有企业畅通国内循环使命

　　构建新发展格局的关键在于经济循环的畅通无阻、增强国内大循环主体地位，而加快培育完整内需体系，则是畅通经济循环、增强国内大循环主体地位的基础。这要求从构建现代化产业体系、现代化市场体系、收入分配体系和新型消费体系等各个方面改革入手完善内需体系、畅通国内经济大循环，尤其是，一方面加快完善科技和产业创新体制机制，提高金融服务实体经济能力和高质量实体经济供给能力，加快建设创新引领、协同发展的现代产业体系；另一方面，加快完善社会主义市场经济体制，深入推进要素市场化改革，加快构建统一开放、竞争有序的现代市场体系。国有企业在这两个方面都能够发挥独特作用，在畅通国内经济循环、培育完整内需体系方面做出应有贡献。

第一节　着力提高我国产业链现代化水平

产业链供应链的稳定性和竞争力是影响生产环节的重要因素。我国在全球产业链体系中整体上处于中低端，在产业质量和性能上与发达国家差距仍然较大，对全球资源的整合和控制能力不足，存在短板和风险，迫切需要补链强链，增强抵御风险能力。从供给侧看，产业基础能力薄弱和产业链供应链现代化水平低是制约我国经济高质量发展的突出短板，提高我国产业基础能力和产业链水平是构建新发展格局的关键着力点。在当今全球价值链分工的背景下，提升国家产业链供应链现代化水平，就是一个国家推进其产业链供应链向高附加值延伸、强化其产业在全球价值链各环节的增值能力、实现在全球价值链的地位升级、企业在全球价值链治理能力提升的过程。从国际经济循环角度看，中国企业在全球价值链分工地位还处于中低环节，对全球价值链治理还缺少话语权；从国内经济循环角度看，总体上国有企业尤其是中央企业在产业链供应链中处于中上游地位，对产业链供应链具有一定的控制能力，应进一步发挥国有企业在产业链中的优势作用，推动我国整体产业链地位实现跃升。

一　国有企业要发挥提升产业链现代化水平的带动作用

国有企业提升产业链现代化水平，归根到底要提升科技创新能力，充分发挥国有企业在提升全产业链自主创新水平方面的前瞻性和战略性带动引导作用。国有企业在科技创新方面具有其他所有制企业所不具备的独特体制优势和资源优势，并取得令人瞩目的巨大成就。通过机制改革和制度创新，国有企业在自主创新方面还有较大提升空间，完全可以发挥创新强链、引领产业链科技自立自强的作用。国有企业作为国家战略科技力量和新型举国体制的重要主体，集中了大量创新资源，具有集中力量办大事的优势，是提升产业链创新力的排头兵和主力军。在新发展阶段，国有企业应积极服务于国家创新驱动发展战略，围绕产业链部署创新链，将创新资源投向产业链重要且薄弱环节，通过加强基础研究，对产业共性技术、关键核心技术和前沿技术进行探索创新，最终形成更具创新力的产业链。

国有企业在产业链建设中的作用不仅仅体现在其自身的发展壮大上，而且要促进全产业链的优化升级。产业链包括上下游及周边多项产业、行业及不同所有制形式企业。当前全球产业分工已经形成复杂的网络体系，任何一条产业链上下游都集聚成千上万家企业。国有企业要主动联系上下游相关企业加强产业协同和联合技术攻关，通过资源整合形成分工合作、互荣共生、利益共享的产业生态。国有企业也可以关注国际产业链上下游的联动，进一步利用全球多元化的产业链体系，借助"一带一路"国家战略，带动非国有企业参与国际大循环，提高我国产业链的开放性和安全性。

国有企业应发挥压舱石的作用，着力缓解关键核心技术"卡脖子"问题和坚决兜住产业链安全底线。首先，国有企业应该充分发挥集中力量办大事的优势，对一些对外依存度高同时又对多个产业和产业链产生重要影响的关键核心技术和"卡脖子"技术进行集中攻关，努力维护我国产业链供应链安全。其次，针对产业链在中美贸易摩擦和新冠肺炎疫情影响下暴露出的断点、堵点和断供风险，提高重要能源和重要物资的储备保障能力，确保物资稳定供应；维护产业链在物流运输、国际化采购、资金周转方面的能力，保证产业链在极端情况下能够快速恢复运转能力，提高产业链韧性。

国有企业要加快发展数字经济，通过提升自身数字化智能化水平提高运营管理能力，将产业链向生产性服务业领域延伸，培育形成新业态。国有企业普遍重商品经营，轻服务运营，企业形成的物流能力主要用于内部自我服务，并不具备形成社会化流通服务的现实基础。但是国有企业可以凭借自身的资金优势，在国家政策的引导下向关系国计民生的重要商品经营领域进行投资跟进，在分析产业特性的基础上，通过更加合理的方式向产业链关键环节提供资金融通服务，通过这种方式向流通设施、技术装备建设等环节延伸。国有企业沿价值链从生产环节向研发和营销环节攀升以及通过价值链跃迁跨产业升级，将能够达到在最终市场高端化和多元化的目的。

二 国有企业提升产业链现代化水平的功能定位

国有企业由于其天然具有服务国家战略、弥补市场失灵、争当科技创新"排头兵""领头雁"的性质和特点及优势，未来可以通过以下途径在我国产业链现代化建设中发挥更多更大作用。

（一）明确不同类型国有企业的产业链使命

当前国资委对国有企业进行分类管理，将国有企业分为商业类和公益类，赋予不同类型国有企业不同的功能和使命。虽然国有企业已经进入分类改革时代，但是目前绝大多数国有企业仍然出于提高"控制力"的考虑，在产业链布局上呈现出"大而全"的特点，没有形成清晰的产业链定位。全产业链布局并不是国有企业市场竞争和实现国家战略布局意图的理性选择，应该对国有企业进行更为明确的产业链定位，根据自身功能性合理进行产业链布局。国有企业在关系国计民生的公益类产业链布局时不应以逐利为目标。对于具有特殊功能的商业类国有企业，国家应该制定明细的产业链分类目录，明确国有企业需要控制的链条和具体环节，并在此基础上确定国有企业出资形式。对于一般商业性国有企业，国有企业以市场化经营目的为导向，通过国有资本退出、整合等方式实现产业链布局的市场化经营。

（二）努力成为原创技术的"策源地"

提升产业链现代化水平，归根到底已经成为科技问题，要充分发挥国有企业在提升产业链创新力水平方面的前瞻性和战略性引导作用。国有企业作为发挥我国新型举国体制的重要主体，集中了大量创新资源，具有集中力量办大事的优势，是提升产业链创新力的排头兵。在新发展阶段，国有企业应该服务于国家创新战略，将创新资源投向"十四五"规划和2035年远景目标重点布局的相关领域，尤其要在基础研究和产业共性技术研发方面发挥主导作用。在基础研究方面，国有企业要从国家的紧迫需要和长远发展考虑，集中优势资源进行前沿技术开发，集中解决关系未来国际产业链竞争的前瞻性重大科技问题。国有企业通过发挥集中力量办大事的优势，加快组建一批重点实验室，对我国未来重点布局的新一代人工智能、量子信息、集成电路、脑科学与类脑研究、基因与生物技术等重大科学问题进行研究。在产业共性技术方面，作为典型的公共产品，其创新水平决定国家整体的技术创新发展前景，需要发挥国有企业特殊功能定位和资源集聚优势。具体来说，国有企业应该重点布局于两类产业共性技术：一是关键性共性技术，这部分技术在多个行业领域广泛应用并且可以对产业形成瓶颈制约，例如5G、超级计算、区块链等；二是基础性共性技术，这部分技术可以成为产业竞争技术开发的支撑，比如测量、测试和标准等技术。通过强化科技创新的引领功能，形成一批科技领军企业和"专精特新"冠军企业，确保国有企业真正成为主业突出、功能显著、有力支撑国家科技强国建设的国家队。

（三）联通产业链的堵点和断点

国有企业要针对产业链在中美贸易摩擦和新冠肺炎疫情影响下暴露出的断点和堵点，梳理困难、精准施策，维护产业链在物流运输、国际化采购、资金周转方面的困难，保证产业链在极端情况下能够快速恢复运转能力，提高产业链韧性。比如，面对新冠肺炎疫情导致的国际物流运输中断，中国远洋海运坚持7×24小时不间断作业，维持所属1300多艘船舶正常航运，全力确保我国国际贸易进出口运输的畅通。再比如，华润集团看到疫情期间不少中小企业面临资金链"断链"风险，主动减免商户租金累计达到 10.2 亿元，并且为疫情保障型商户发放疫情保障贷款供给 4.2 亿元，与中小型企业共克时艰。从长期来看，国有企业不能仅满足于产业链"点"的弥补，应该积极培育国有互联网平台，组织产业整体链式发展。国有企业可以充分发挥国家赋予的组织协调优势，加强产业链上下游的横向沟通协作，进一步聚焦于国家重大战略方向，对数字经济、新型基础设施建设等产业链上下游企业引导和协调。

（四）促进产业链延展与深化

伴随着新一轮科技革命和产业革命，传统经济发展模式受到挑战，将逐步过渡到新经济形态。新经济是由本轮科技革命和产业革命催生的，综合了新技术、新服务、新产业、新业态、新模式。新经济的发展以人工智能、区块链、云计算、大数据技术为前提。新经济的发展趋势不以人的意志为转移，引领产业链现代化水平和社会生活智能化水平的提高。以往国有经济对于产业链的发展模式和治理规则建立在传统经济基础上。在现有模式中，国有企业重点布局在产业链上游，与主要布局在产业链下游的民营企业形成相互促进的发展机制。这种机制建立在主要技术和知识已知的基础上，国有企业可以发挥规划布局和引导作用。然而，新经济涉及的人工智能、区块链、大数据等领域主要分布于产业链中下游，国有企业并不具有明显优势，控制力逐步降低，这对国有企业引导产业链水平提升的模式提出新的挑战。对于新兴的数据产业和网络产业，国有企业应该发挥新型数字基础设施建设和公共服务供给功能，通过发挥"新型举国体制"优势，集中布局于5G、工业互联网等"新基建"领域，努力做好新基建的研发者、投资者和建设者，提高产业链创新力水平和产业链价值，为产业链数字化发展提供有力支撑。新基建领域具有资金投入量大、风险高、回报周期长等特点，国有企业通过积极参与新基建建设，起到带头示范作用，利用自身资本和技术优势，引导民营企业和民间资本参与到新基建中来，加快新基建的建设速度，提高建设质量，带动和完善相关产业链发展。在向社会化流通服务延伸方面，国有企业可以凭借自身的资金优势，在国家政策的引导下向关系国计民生的重要商品经营领域进行投资跟进。国有企业在分析产业特性的基础上，通过更加合理的方式向产业链关键环节提供资金融通服务，通过这种方式向流通设施、技术装备建设等环节延伸。

（五）争做现代产业链的"链长"

在实现产业链现代化过程中，国有企业与其他企业的关系不是支配与控制的关系，而是起到引领作用。国有企业通过发挥技术支撑、组织协同、基础共性技术研发等职能，带动产业链上下游企业共同发展。首先国有企业在技术、人才、资本方面有雄厚储备。国有企业可以集中力量对关键技术进行攻关，打造产业链共性技术策源地；可以利用规模优势赋能传统产业，实现产业链各个环节的效率提升；还可以通过优秀国有企业家的引领带活一个产业链。其次国有企业具有实施国家战略部署的责任担当。在社会主义市场经济条件下，我国产业链现代化的实现不仅仅需要关注经济绩效，还需要为国家未来产业发展夯实基础，为产业安全做好储备。国有企业作为"链长"，首先要把重点集中在产业链的"链"上。国有企业要全盘掌握所在产业链的整体发展情况，制定产业链技术发展图谱、应用布局图谱，引领、协调供应链、资金链、信息链、人才链共同发展。国有企业要从产业链发展的基础和共性问题着手，通过建立自主技术研发中心等机构推进一批共性技术研发平台和公共服务平台建设，形成良好发展的链状产业生态。其次，国有企业作为"链长"，最终目标是实现产业链协同发展。当前全球产业分工已经形成复杂的网络体系，任何一条产业链上下游都集聚成千上万家企业。国有企业要主动联系上下游相关企业加强产业协同和联合技术攻关，通过资源整合形成分工合作、互荣共生、利益共享的产业生态。

（六）保障产业链安全

发挥国有企业压舱石的作用，坚决兜住产业链供应链安全底线。第一，国有企业应该充分发挥集中力量办大事的优势，对"卡脖子"技术进行集中攻关。国有企业通过加强统一管理和研发合作，打造国家重大科技项目研发平台，对资金投入大、技术难度高、关系国家产业和经济安全、通过市场机制难以突破的重大战略基础性技术集中攻克。第二，国有企业要牢牢树立底线思维和安全意识，发挥在重要能源和重要物资方面的支撑作用，保障产业链安全与国民经济平稳运行，尤其在粮食和能源资源产业链上，保障国家能源安全和经济安全。国有企业要更加积极主动地发挥作用，比如加强战略资源储备硬件设施建设，建设高标准粮仓、加强油气勘探开发、建设煤制油气基地，创新关系国家经济命脉的战略资源储备管理。同时通过密切关注国际市场价格波动，采取多元化策略提前防范可能出现的价格风险和供应链风险。

第二节　大力发展战略性新兴产业

发展战略性新兴产业，对于占领产业链制高点，夯实产业发展先发优势具有极为重要的意义。当前全球新科技革命蓄势待发，新兴产业发展迅猛，新的经济增长点不断涌现。信息技术、生物、能源、材料、先进制造等领域的技术突破和跨领域的交叉融合将创造新的经济增长点，重塑世界产业竞争格局。

每一轮科技革命都有其独特的技术演化路径和特征，通过观察工业革命所形成的有限的周期现象，能够总结出其运动的一般性规律。历史表明，每一轮科技革命的发生，都必须有一个创新的产业集群作为支撑，其中既包括工业动力源和通信方式的变革，也涵盖主导生产制造系统的转变。根据现有理论和此次技术变革的具体实践，当前逐渐兴起的新技术革命也同样是诸多新技术的蜂聚形成的创新产业集群。新一轮科技革命是以可再生能源和清洁能源为代表的新能源技术为核心投入，以大数据、云计算、物联网技术为代表的新型信息通信技术为核心技术，以机器人、3D打印等为代表的新型制造技术为表现形式的创新技术集群。这些技术彼此融合和交互应用会产生革命性的影响。

新技术集群的兴起会促使经济体的产业结构发生相应的转

变，旧的产业逐渐消失抑或得到升级，新兴产业的持续发展将成为经济的新增长点。科学稳固地推进新科技革命并提前进行产业布局，结合国有企业自身优势着力发展重点产业，将有助于我国占领技术制高点，提升在全球产业链供应链中的地位，完成产业升级转换。

我们认为，国有企业发展战略新兴产业具有以下几点优势：

第一，国有企业具有较强的融资能力，有利于解决战略性新兴产业发展中的资金难题。战略性新兴产业具有投资额大、市场不确定、风险高等基本特点，金融机构普遍对大型国有企业的信用等级评级较高，这在一定程度上为国有企业融资提供了便利。国有企业可以凭借较高的信用评级，积极进行资本运营，努力探索和尝试各种投融资形式，充分利用多层次的资本市场，运用多种融资方式和融资工具。因此，国有企业通过完善有利于创新的激励机制和风险分摊机制，加快推进金融产品和服务方式的创新，可以解决战略性新兴产业发展的资金难题，分摊战略性新兴产业投资的风险和成本。

第二，国有企业在传统产业的竞争力可以为战略性新兴产业提供初级市场。战略性新兴产业处于产业生命周期的萌芽期，市场上存在许多相互竞争的技术，产品创新速度快，技术风险高，新兴产品的成本与市场上成熟的同类产品相比缺乏竞争力，不易获得消费者的青睐，因此新兴产业的初始市场规模特别是私人消费市场规模比较小。国有企业凭借自身资源禀赋，在传统产业领域取得一系列成绩，在产业规模、管理模式、技术研发和市场等方面具有一定优势，形成了独特的竞争力。因此，国有企业可以凭借自己的市场优势为新兴产业提供首套、首台、首购的初级市场，以传统产业发展为依托，按照技术领先、示范先行、节能环保、安全可靠的原则，细化方案，组织实施好新兴产业应用的示范工程，在不断试错的过程中积极有效地逐步扩大潜在市场。

第三，国有企业规模较大，具有产业链整合的先天优势。这种以大企业为主导的产业链整合模式不同于以"代工"为特征的台湾发展模式。我国台湾地区由于本身的局限条件，岛内市场狭小，无力支撑整个信息产业的成长，只好采取与日美产业互补配套、拾遗补阙的策略，选择代工来承接全球加工合同。这就导致整个产业分工过细，虽然能够达到规模经济，但不利于范围经济的实现，结果是几百家企业的产值总和比不上韩国三星电子一家的产值。以大企业为主导的产业链整合模式，通过产业链内部直接整合，不仅能够同时达到规模经济效应和范围经济效应，还能够有效地缩短新产品的上市时间。

第四，在风险太大、回报率过低的关键领域，国有企业可以充分发挥中流砥柱的战略作用。在战略新兴产业发展的孕育阶段，新兴产业的技术风险和市场风险很大，民营企业往往无力涉足。战略性新兴产业的产业共性技术和关键技术，投资周期长、规模大，具有很强的外部性，社会资本常常望而却步。国有企业的任务、职能、本质决定了其必须在外部性强、周期长、规模大、风险高的领域投资，在民营企业不愿意干、干不好但对于战略新兴产业发展至关重要的关键领域，充分发挥国有企业中流砥柱的战略价值。

国有企业发展战略新兴产业的路径和策略应着重注意以下几点：

第一，国有企业发展战略新兴产业时，要聚焦主业，合理选择战略新兴产业方向。在推进的过程中，要认清国有企业功能的特殊性，把更好发挥国有企业功能作为结构调整和创新发展主线，不能一味追热点、赶时髦、随波逐流，而要保持战略定力，聚焦主业。国有企业在发展战略新兴产业的过程中，一方面，要在充分把握新一轮产业变化规律的基础上，积极布局战略新兴产业，为国有企业长久健康发展集聚势能；另一方面，也要确保原有的社会功能和企业职责得到坚持，更好服务于经济社会的发展目标，保证持续稳定提供公共服务的能力，推动原有优势产业迈向中高端。发展战略新兴产业是一个长期过程，要充分利用国有企业整体性、长期性、战略性优势，加大对生态环境、能源资源、基础设施、劳动队伍、材料装备、技术研发、前沿科学等生产要素和战略性资产的投资，发挥国有企业投资对于国民经济的外溢作用和引领作用。对有着深厚产业基础的能源行业、矿产开采行业、基础设施建设行业、传统装备制造业等行业来说，应积极探索发展具有产业相关性的战略性新兴产业的实施路径，在高端装备、新材料、节能环保等领域寻求突破。

第二，充分发挥国有企业在创新体系中的核心作用。在发展战略新兴产业的过程中，要充分利用国有企业已有的技术优势和技术研发储备，重点推动国有企业在战略新兴产业的关键核心技术上取得突破。在很多国家（地区）都将"国有企业"作为最为有效的政策工具。例如，在欧洲一些国家，大规模、高风险新兴产业大多采用了"国有企业"这一企业模式。但是，很多国家因为缺少足够的国有企业作为载体，只能以更为间接的产业政策推行创新。而我国则拥有强大的国有企业作为制度基础，要坚定制度自信，继续发挥国有经济在科技创新中的领头羊作用，发挥好集中力量办大事的制度优势。政府可指定相关政策，加大对国有企业关于基础性、系统性、前沿性重大科学技术创新活动的支持，助力国有企业尽快掌握战略新兴产业核心技术。

第三，构建有利于国有企业发展战略新兴产业的体制机制。当前国有企业发展还存在一些体制机制性障碍，抑制了战略新兴产业中的革命性、颠覆性、原始性创新。为促进国有企业发展战略新兴产业，需要进一步推进体制机制改革。一方面，要通过国有资产管理体制改革，建立激励相容的体制机制。通过深化改革，激发企业内部创新活力，减少国资监管部门对企业创新活动的不当干预，建立企业战略新兴产业发展试错机制；另一方面，要利用混合所有制的制度形式，把全社会的创新活力纳入国有企业的创新活动中来。充分发挥国有、民营两种企业的优势，建立联合战略新兴产业发展平台。完善创新激励机制，根据行业周期、产品生命周期、创新周期，完善员工特别是技术骨干利润分享制度，大力探索员工持股制度。

第三节 着力建设强大的国内市场体系

国有企业是经济国内大循环的重要市场主体，是畅通国内经济循环的主要推动力量。国有企业凭借其自身特点，在完善市场环境、促进公平竞争、引领非公企业协同发展等方面发挥了积极作用。

一 参与培育公平竞争环境，提高市场运行效率

公平竞争是市场体系高效运行的基础规则，必须保证市场主体之间的公平竞争，发挥竞争政策的基础性作用。切实深化国有企业分类改革，通过推进公益性企业回归公益定位实现国有经济战略功能，通过推进商业类企业回归企业属性成为真正的市场主体，从而促进公平竞争市场环境的形成。党的十八届三中全会开启了新时期全面深化国有企业改革的新阶段，以国企功能分类为前提，可以概括为"分类改革"阶段。根据中央关于国有企业改革指导意见，国有企业可以分为公益类、主业处于充分竞争行业和领域的商业类，以及主业处于关系国家安全、国民经济命脉的重要行业和关键领域、主要承担重大专项任务的商业类国有企业。不同类型的国有企业，将会有不同的国资监管机制，混合所有股权结构中的国有持股比例要求不同，企业治理机制也有差异。以推进国有资本战略性调整来实现企业功能定位和分类。国有企业深化改革绝不仅是为了国有企业自身做强做优做大，还有利于培育公平公正的市场竞争环

境，促进整个经济的高质量发展。

通过正确处理产业政策与竞争政策的关系，充分发挥竞争政策的基础性作用。我国总体上处于从工业化后期向后工业化时代过渡、开始高质量工业化的时期，产业结构日益完备、产业技术水平逐步向全球技术前沿靠近，长期以来形成的与我国工业化初中期阶段相适应的、选择性产业政策主导的政策体系，已越来越不适用了，产业政策将更多强调科技服务体系建设，竞争政策将越来越发挥基础性作用。从国际市场看，我国要实现更大范围、更高水平的市场开放，通过加强知识产权保护、强化竞争政策等举措，积极融入新的多边贸易投资规则，以实现国内国际双循环相互促进的新发展格局。这就要求国有企业成为公平参与市场竞争的市场主体，通过市场化的手段实现自身发展，并带动非公有制企业发展，提高市场运行效率。

实质推进国有企业改革要努力在两个领域实现突破。这两个领域分别是煤炭、钢铁等产能过剩行业的国有企业改革，和石油、电信、电力、民航、铁等具有自然垄断性的行业的国有企业改革。这两个领域的国企改革对营造公平的竞争环境、支持新常态下我国经济发展具有重大意义。第一个领域改革涉及化解产能过剩、处置"僵尸企业"和国有经济在这些行业的逐步退出等难点和重点问题，这些问题也是供给侧结构性改革的关键任务，能否成功推进，在很大程度上决定了国有经济布局的优化和整体经济结构的转型升级，具有全局战略意义。第二个领域的行业大多是基础性行业，对整体经济效率影响巨大，其改革能否成功推进，对市场经济公平竞争环境的形成以及下游产业的成本降低等具有决定性的作用。因此，这两个领域取得突破，是工业供给侧结构性改革的十分重要的内容。

二 发挥核心竞争优势，引领市场做大做强

国有企业通过提升自身效率，发挥核心竞争优势，不断发展壮大，将有助于建立强大的国内市场。国有企业的核心竞争优势体现在以下三个方面。

（一）夯实国有企业的规模优势

对成熟的市场经济来说，企业"做大"和"做强"是同等重要的。在与其他企业竞争的过程中，企业拥有强大的竞争力，才能够在复杂的市场环境下生存下来，才有进一步"做大"的机会。一方面是受到资本报酬递减规律的影响，企业规模成长往往会伴随着利润率的反方向变化，利润增长而利润率下降；另一方面是因为企业规模变大导致内部竞争弱化和官僚化，产生"X"无效率，甚至出现寻租行为，影响政府公共政策制定。西方国家市场经济经过长期的发展，大企业几乎垄断了各行各业的制高点，形成了基于历史沉淀的累积优势。发展中国家单靠市场自生发展和正常的私人企业成长根本不可能与之竞争，必须借助国家制度优势。我国国有企业由于独特的发展路径，经营绩效和管理能力强的国有企业在历次改革过程中生存下来，不断扩大企业规模，使得其具有其他所有制企业难以比拟的规模优势，在国民经济发展和对外开放过程中有着不可替代的作用，而且能够克服西方国家大企业的弊端，有着更加规范的公司治理和更加严格的企业监督制度。因此，应坚定

国有企业进一步"做大"的发展方向，充分发挥国有企业的规模优势。

（二）巩固国有企业的技术优势

企业的技术积累是任何一个企业生存发展的根本立足点。我国国有企业在许多行业领域拥有雄厚的技术积累，为我国科技事业发展贡献了积极力量，也为国有企业自身发展提供了重要助力。在发展过程中，国有企业也形成了独特的创新体制，能够集中优势力量攻克科技难题，又与市场经济相适应，成为国有企业技术优势的重要组成部分。从各国劳动力市场的发展经验来看，高学历人才普遍追求职业稳定和职业空间。因为高学历导致人力资本投资期限拉长，留存下来的往往是风险厌恶者。美国的博士就业也大多选择稳定的大企业和大机构，例如各国高校、华尔街、政府或者互联网巨头。中国国有企业相比较于其他所有制企业具有一定的稳定优势，为高学历人才实现技术特长奠定了良好的平台和施展才能的舞台，也将为创新和可持续发展提供了重要支撑。应充分利用国有企业的技术积累、创新体制、人才吸引力，不断巩固国有企业的技术优势。

（三）筑牢国家意志优势

与其他所有制企业的盈利性导向不同，国有企业从设立之初就体现了明确的国家意志和国家使命。在面向中华民族伟大复兴和现代化强国建设目标稳步推进的过程中，以国有企业为主体的国家经济力量必将成为新阶段践行新发展理念、塑造新发展格局，推动中国特色现代企业制度建设、产业转型升级和经济高质量发展的主导力量。还能通过经济合作对特定技术和环境的要求，提高国内技术标准和合作民企的发展质量。随着全球化新阶段大国竞争导致的国家边界凸显，国家意志优势对于发展目标的实现会越来越重要。国有企业应进一步强化自身使命感和责任感，自觉贯彻党和国家的战略部署，将国家意志贯彻到国有企业自身发展的全过程。

三 聚焦实体主业发展，化解虚实经济结构失衡

国有企业能够从自身聚焦主业、充分发挥国有资本功能、为实体经济提供战略支撑三个方面，促进经济"脱虚向实"。

（一）国有企业自身聚焦主业促进经济"脱虚向实"

国有企业不仅在生产关系上起主导地位，还充当整个国民经济发展方向的引导者和调控人，国有企业拥有丰富的物质技术基础，具备支配和控制社会经济发展的能力。以我国工业企业为例，截至 2019 年，国有控股企业资产规模占工业企业资产规模 48%，在各企业类型中居首位，掌控着全国工业企业近一半的资产控制权和使用权。这意味着在工业产业中，国有经济在全国经济总量上仍然居于主体地位，国有控股企业仍然主导着工业经济的发展方向。尽管国有控股企业数量不多，但单位企业资产规模远超民营企业，而工业企业未来主业的发展主要依赖于工业企业的创投资金，与民营企业相比国有控股企业拥有丰富的资金实力和技术资源，在其所在行业具有竞争优势。由此可见，目前我国工业等主要实体经济部门仍然以国有资本和国有经济为主。国有企业回归主业，减少金融资产投入，必然会增加实体经济投资性支出，

为民营企业提供良好的示范效应，扩大实体经济规模，从而引领经济脱虚向实发展。

（二）国有企业通过放大国有资本功能促进经济"脱虚向实"

"放大国有资本功能"实际上就是要国有资本最大程度的体现国家意志和人民利益，通过全面深化国企改革，增强国企的竞争力、控制力与价值，有效地带动其他资本共同实现国家经济发展战略和目标。混合所有制改革是放大国有资本功能的主要方式之一。在保证国有资本绝对控股的前提下，使用少量的国有资本同尽可能多的民营企业展开合作，通过杠杆作用成倍地放大国有资本功能，形成国有资本对经济的控制力，推动实体经济优化布局和转型升级。从微观层面上来看，混合所有制改革有助于抑制实体企业金融化水平。混合所有制改革实现了国企资本和民企资本的双向引流，有助于解决民营企业的融资约束问题。混合所有制改革让国有资本和民营资本优化重组，在技术创新和管理创新方面提供新动力，从而实现全要素生产率提升和企业的核心竞争力的提高。从宏观层面上来看，混合所有制改革有助于国有企业发挥调节经济结构的作用，促进我国整体经济战略目标的达成。国有企业混合所有制改革的杠杆效应为国有企业可支配资金的扩张带来了乘数效应，国有企业可以调用民营资本来满足实体经济的规模扩张，将民营可用资本引流至战略性支柱性产业和先导性产业之中，带动民营企业共同实现我国战略性经济发展目标，最终促进了实体经济的发展。

（三）国有企业通过为实体经济提供战略支撑促进经济"脱虚向实"

当前我国经济社会主要矛盾是发展不平衡不充分问题。从经济发展角度来说，解决我国经济社会的主要矛盾就是要提高经济发展质量和效益。国有企业在提高自身投入产出效益的同时，也应为全社会实体经济提高经济效益提供基础和保障。由于为经济生产提供基础性资源和服务的行业主要由国有企业垄断运营，这些资源的获取费用构成了其他实体经济运营的必要成本，影响着实体经济运行的效益。因此，国有企业应做好公共基础资源和服务的市场化配置。

（四）国有资产监管体制改革应更加关注资本的"技术属性"

国有企业使命定位和国有资本的功能布局的实现，不仅仅是国有企业自身的问题，同时和国有资产监管体制直接相关。党的十八大提出要建立以管资本为主的国有资产监管体制，党的十九大和十九届四中、五中全会也在不断地强调要健全以管资本为主的国有资产监管体制。建立健全以管资本为主的国有资产监管体制，是我国完善社会主义市场经济体制、深化国有企业改革的一项重要制度，是我国国资国企改革的重大进步，对避免政企不分、使国有企业成为真正的市场主体具有重要的意义。但是，近些年在建立和完善"管资本为主"监管体制过程中，出现了一些错误的理解，把"管资本为主"理解为"单纯管资本"、不能"管企业"，把"管资本"单纯理解为监管企业的资本收益。在分类改革的背景下，对商业一类企业，国资委的确是主要考核其国有资产保值增值和企业利润。但这并不意味着国资委就不能对其企业使命、发展战略等重大经营方向进行监管，实际上应该把管企业的资本和管企业的使命、战略等统一起来。对于商业二类和公益类企业更应该注重对其企业使命、经营战略等重大发展问题进行监管。正是由于这些错误的片面的理解，在宏观经济"脱实向虚"的背景下，一些国有企业也在以"管资本为主"为挡箭牌，开始"脱实向虚"，只关注资本运作，成立大量基金投入非主业项目，放弃做强主业实业的企业使命。这在一定程度上加速了整个经济"脱实向虚"、过早过快"去工业化"的趋势，另外从长期看随着企业核心能力弱化，也加大了企业未来的经营风险。

从经济学理论上看，即使是"管资本"，其内涵也绝不是单纯地只关注资本收益。"资本"在现实中存在两种内涵，或者说属性，一种是：资本可以表述为作为一种资源的可自由流动的资金，能够很容易地从一种用途转换到另一种用途，这实质上是资本的"金融"概念或者"金融属性"。资本这种属性更多地对应于利率概念来度量其价值，其运营主体更多是金融类机构。另一种是：资本可以表述为在某特定生产组织或者机构内进行的生产过程中包含的一组生产要素，这实质上是资本的"技术"概念或者"技术属性"，资本这种属性更多地对应于利润率来度量其价值，其运营主体多是从事生产服务的实体经济类机构。由于资本的这两种现实属性或者概念在逻辑上还不能够在理论上有机地结合起来，经济学家还一直深陷于资本理论中关于利润率、资本密度（人均资本或者单位产出资本）、利率和技术进步之间的相互关系的研究论证中。

从国资委监管的对象看，其监管资本的含义更多的是具有"技术属性"，而非"金融属性"。这意味着国资委"管资本"需要监管的对象是基于"技术属性"投入资本获得产出的利润率，而不是基于"金融属性"投入资本在资本市场上的资源流动中获得的"利率"收益。也就是说，国资委"管资本"不仅要考核其资本回报，还要关注其资本回报是通过什么途径获得的，要监管企业是否已经脱离主业、违背使命要求和偏离资本功能定位。在当前一些国有企业出现资本无序扩张、发展战略上"脱实向虚"倾向等问题的情况下，强化国有企业使命监管和战略管控就更加必要和紧迫。

当然，这并不意味着国有资产监管体制要回到党的十八大之前。在"管资本为主"的管理体制下，国资委除了监管国有资本保值增值，对国有企业的监管更多的是对国有企业使命、重大战略层面的监管。在新发展阶段，国有企业要强化以中华民族伟大复兴为己任、服务于中华民族伟大复兴战略全局、在全面建设社会主义现代化国家新征程中发挥支柱作用的使命感，国有资本应该更加聚焦到高水平的科技自立自强、实体经济创新发展与产业链供应链治理能力提升的功能定位上，那么"管资本为主"的国有资产监管体制，不仅要考核其资产回报，更要重视上述国有企业的使命实现和国有资本的功能定位。

第六章

国有企业"以内促外"使命

国有企业一直以来都是我国对外开放过程中的先行军，在构建新发展格局的过程中，我国经济发展面临比以往更为复杂的外部环境，对外开放进程面临很多挑战。在这种条件下，国有企业应继续发挥在对外开放中的重要作用，为我国形成新型对外开放格局贡献其他所有制企业难以比拟的力量。

第一节 优化国有企业"以内促外"战略布局

在加快构建新发展格局的过程中，为了更好地发挥国有企业在内外双循环相互促进、"以内促外"方面的作用，国有企业在海外战略布局时应关注以下几方面。

一是对接新兴市场投资需求。现阶段亚洲地区新兴市场对公路、铁路、港口、机场、建筑、水利、供电等传统基础设施投资需求巨大，尤其是随着这些国家工业化和城市化进程的加快，对互联网、电信、通信等"新基建"的需求也不断提升。从国有企业"走出去"近年来的投资趋势，能够看到回归亚洲地区是目前能够牢固把握的投资增长点。据 2017 年亚洲开发银行的估测，要达到世界平均水平，亚洲地区各经济体的基础设施投资需求到 2030 年之前，都将保持每年 1.7 万亿美元的规模，总投资量将突破 26 万亿美元，然而当前实际投资规模仅为需求的一半。因此，立足亚洲地区投资，统筹国内外资源和市场，发挥地域邻近优势，发挥国有企业规模优势、技术优势、成本优势及产能优势，将成为谋求未来中长期"以内促外"的重要基础。

二是聚焦海外数字经济及绿色经济发展契机。与传统基础设施建设投资相比，高端装备智能制造、大数据、云计算、人工智能、机器人、新一代电子信息、高端生物医药等产业为代表的数字经济新产业新业态与绿色经济产业，与大规模技术创新密切关联，有助于推动国内生产力较快发展，有助于适应后疫情时代的消费习惯和就业方式的变革，有助于扩大内需并拉动国内经济增长，可以为我国经济中长期增长培育新动力。数字经济方面，数字经济新产业新业态投资应有所侧重：人工智能、大数据、云计算等科技创新首先需要稳定安全的互联网基础设施，数字经济投资首先要为这类研究与开发活动提供可试验、可兼容、可运行的创新环境，因此短期中以 5G 为代表的通信网络建设等"数字新基建"项目应作为投资重点。随着互联网基础设施的完善,以"互联网+"为特征的传统产业升级、工作及生活模式创新将成为主要增长点,基于网络分工的新型制造业生产模式,基于大数据中心构建的采购、销售、服务,基于大数据分析挖掘技术的智慧应用等数字经济应用平台建设,都将是中期数字经济投资的重点;而从长期来看,新一轮的科技革命不仅会深刻影响中国国内的生产和消费,也会重塑全球产业链和世界经济版图,为我国经济在某些领域实现弯道超车提供条件和可能性。

国有企业在海外"数字新基建"、数字经济平台应用平台建设的基础之上,也需要积极延伸产业链,布局海外高端制造业、信息技术与生物工程、绿色产业融合等新产业,把握我国国有企业建设世界一流企业的新机遇,培育新形势下我国参与国际合作和竞争的新优势。绿色经济方面,在新冠肺炎疫情席卷全球使世界经济陷入衰退、面对气候多变的压力之时,多国提出推行绿色复苏,纷纷提出碳中和目标。我国在2030年实现碳达峰、2060年实现碳中和目标的驱动下,我国将进入绿色发展新阶段,开启全面建设社会主义现代化国家新征程。我国能源国企应主动调整海外能源投资战略。应强化区域能效、可再生领域合作。要因地制宜地推广水能、风能、太阳能、生物质能的开发利用。加强对外可再生能源扶贫工作,向化石能源资源贫乏而电力供应严重不足的国家推介和援建分布式风电、光伏、光热、地热能等可再生发电项目,建设零能耗、微能耗的教学楼、图书馆、博物馆等公共设施。也要加强与东南亚、南亚、东北亚各国大型风电、水电、光伏、核电、火电厂与主要电力负荷区的连接，促进区域电力跨境优化配置。

三是开拓发达国家市场。随国内经济增长及外汇资产的不断扩张，与发达国家的投资合作仍然是新时期对外开放不可或缺的内容。国有企业可借助我国与发达国家之间现有和计划中的合作机制，如中欧全面投资协定（CAI）、区域全面经济伙伴关系协定（RCEP）以及全面与进步跨太平洋伙伴关系协定（CPTPP）等重要的双边和多边协定，重构与发达国家之间的投资伙伴关系，改善投资环境，提升投资质量。另外，新冠肺炎疫情催生了远程医疗、在线教育、网络通信、网购服务、物流快递、直播娱乐、居家休闲等新兴产业的成长，以及新旧产业的融合发展，由此派生的终端设备生产、通信网络建设、核心零部件制造、数字化平台搭建、运营推广服务等为中国与发达国家之间的高新技术领域投资合作拓展了巨大的市场空间。

第二节　提高企业跨境经营科学化水平

国有企业在"走出去"的过程中，必须不断提高国际化经营管理水平，从而更高效地实现国有企业"以内促外"使命。

一是科学规划国有企业国际化经营顶层设计。国有企业应立足于科学地谋划其国际化经营战略的顶层设计，寻求与东道国之间利益的平衡点。应通过制定科学的战略规划以及完善绩效评价和追责机制，以合理地把握国有企业国际化经营的节奏、力度与次序。国有企业国际化经营战略的制定应契合与东道国合作机制的逻辑与价值，作为新时代中国特色社会主义建设的重要经济主体，国有企业更应基于宏观层面的政治经济现实性需求、微观层面的企业经营管理的实际表现来科学审慎地制定及实施其国际化经营战略体系。以凸显前瞻性战略预判的科学性、时效性与针对性，并以此为基础来弥补由于单纯的绩效导向所造成的"战略短视"短板。与此同时，应进一步完善战略决策的事后评价与追责机制，持续强化针对国企国际化经营的责任监督，从制度的刚性约束与流程的科学监管双重维度扼制国企非理性国际化经营行为。

二是重视产权保护和合规经营。国有企业要把握全球技术发展趋势，以高质量及高科技附加值为目标，加强自主创新，强化创新驱动发展，将更多精力与资源投入到关键核心技术上，实现企业可持续的高质量发展。一方面，要利用新兴产业、高科技产业、智能产业带动各行业领域创新升级，深化数字经济的应用，培育创新集群，完善产业内部产学研一体化创新机制；另一方面，国有企业必须做好培育企业的创新文化、提升创新能力，同时也要抓好容错机制，为创新保驾护航。与此同时，要加强国有企业知识产权管理。高层管理人员应明确认识到知识产权的保护是国有企业的基础性工作，要给予充分重视。根据实际情况管理企业知识产权，落实国有企业知识产权管理的内容和细节，健全知识产权侵权惩罚性赔偿制度。另外，国有企业应重视合规经营，维护国有企业形象。国有企业要积极融入当地环境，充分关注东道国本国的制度环境和文化因素差异，对东道国进行充分准确的风险评估，在熟悉当地制度、文化环境和适应能力的基础上做出慎重决策。

三是持续提升国际化经营效率。国有企业提升国际化经营效率的最有效途径是深入目标国嵌入，进一步深化本土化经营。国有企业落实互利共赢理念，坚持融入本地，打造利益共同体和发展共同体，不但有效提升了沿线国家的经济能力，亦有利于给国家营造良好的国际环境。第一，要保证对东道国市场的适应性，以目标国市场的本土化发展为核心方向，以本土人才和本土资本为推手，实现本土化经营的高质高效。"走出去"的国有企业不仅要全面地了解东道国环境，也要在跨国经营中努力塑造公平氛围，维护各方利益并促进各利益相关者共同发展。需要努力营造公平竞争氛围，提高公平竞争意识，秉承客观、公平的竞争和发展理念，为客户提供优质的服务，公平地对待不同的供应商，切实保障供应商客户利益。第二，国有企业必须更加重视目标国本土化经营体系的作用，依赖目标国嵌入下的本土化经营优势，保证各地海外分公司均能实现独立运作，将点状分散、面上扩散的全球经营体系进行收拢，转型至区域为主、功用齐备的分市场集群。第三，要促进企业内部的文化融合。"走出去"的国有企业要深切把握东道国的文化，尊重员工之间的个体差异，为员工营造安全、健康和相互尊重的工作环境，提升工作条件的安全性及舒适性，深入促进文化融合，促进民心相通，有效凝聚国有企业与东道国的发展共识。第四，要培育国际化视野和全球化战略思维，保持开放的、学习的姿态，按照共商、共建、共享和互利共赢的原则推进国际化项目。在开放发展中履行企业社会责任，认真了解东道国民众的需求，灵活处理遇到的各种问题，多关注当地社会的发展、民生的进步，不断提高企业在当地的影响力和竞争力，以实际行动践行人类命运共同体理念。

四是夯实国际化制度和人才基础。国有企业海外部门下一步改革深化的目标，关键是通过完善具有中国特色的现代企业制度让企业机制活起来。首先，协调党组与"三会一层"关系，促进国有企业中党的领导与公司治理有效的渗透融合；其次，利用"三个清单"来平衡"三会一层"内部关系；另外，经理层坚持推行任期制和契约化、职业经理人制度。从根本上来讲，就是要切实做好国有企业体制、机制与制度改革和完善，不断强化企业的制度建设，以运转高效的法人治理结构来增强国企决策的针对性和时效性。人才对经济发展的作用不容忽视，在国际化经济发展过程中，人才因素占据主导地位，因此，国有企业要加快国际化人才的开发和培养，积极引进人才，保障人才队伍的国际化水平，做好对企业员工的培训工作，在根本上解决"一带一路"共建背景下人才短缺的问题。国有企业当前在国际化经营人才储备方面存在较大的缺口，优化企业决策机制培养国际化人才是国际化经营战略管理的重要支撑和保障。国有企业应着力培养构建具有国际化视野与跨国经营实战经验的国际化专业管理人才与技术人才，从战略人力资源管理的角度来增强企业的核心竞争能力。以构建一支对党忠诚、清正廉洁、治企有方、兴企有为、勇于创新的国际化人才队伍为支撑，持续夯实国企机制基础与人才基础。

五是要不断完善海外国有资产监管能力。具体要从以下三个方面着力。（1）建立海外投资运营风险防控体系。加强国有企业海外投资规范化建设和运营，充分利用"一带一路"倡议的机遇，有效降低以及管控投资和对外承包工程风险，促进国际产能合作，实现海外投资精明增长，提升资本监管能力促进优质资本出海与利润回归。近年来，国企作为"走出去"的主力军，在海外的投资运营活动越来越多。随着中央企业的进一步国际化、全球化，境外国有资产规模还会进一步扩大。与此同时，随着境外国资总量的不断增加，国资流失风险也在不断增长。由于海外复杂的市场环境和当前监管的"鞭长莫及"等，不当投融资行为引起国资损失，亟须强化监管。为加强中央企业境外投资监督管理，推动中央企业提升国际化经营水平，2019年3月，国务院进一步修正了《中央企业境外投资监督管理办法》。该办法要求贯彻以管资本为主加强监管的原则，重点从"管投向、管程序、管回报、管风险"四个方面，依法建立信息对称、权责对等、运行规范、风险控制有力的中央企业境外投资监督管理体系，推动中央企业强化境外投资行为的全过程全面监管。（2）精准经营风险控制预案。海外尤其是"一带一路"沿线国家（地区），政治、经济、社会等环境错综复杂且变化动荡，因此，国有企业在"走出去"之前应系统的进行风险评估，科学构建多维的风险管控体系。应综合利用多元化的信息渠道与服务平台，针对国际化经营的对象国开展科学系统的经营环评及风险控制预案。国有企业应充分发挥

资金、信息及人力资源等方面的优势，积极地与国际化经营对
象国开展信息交流，并以此为基础构建风险预警数据库，为国
有企业布局海外市场提供战略决策信息基础；另外国有企业应
综合凭借多元化的手段来进一步分散跨国经营风险。（3）探索
国际经营争端解决渠道。国有企业应综合运用多元化的国际经
营争端解决渠道，扎实地保障国际化经营中的金融安全及运营
安全。不能仅仅依靠国际第三方机构的仲裁，《联合国关于调
解所产生的国际商事和解协议公约》的生效给投资调解带来重
大发展机遇。投资调解将成为投资仲裁的重要补充，为国有企
业解决国际投资争端提供有效的替代性解决方法。国有企业在
提高对投资调解的认知和接受的同时，应积极建立国有企业参
与投资调解的科学评估制度，设立投资调解报告制度以及推动
公正有效投资调解机制的构建。另外，国有企业需"未雨绸
缪"，积极主动与东道国政府合作，通过多边战略合作框架协
议规则来保障资本运作的金融安全，并针对东道国失当行为进
行有针对性的约束。

第三节　更好实现国有企业"以内
促外"使命的政策导向

　　一是推动国有企业科技成果"走出去"。国有企业在数十
年的发展历程中积累了丰富的技术经验和雄厚的技术实力。国
有企业要以技术实力为依托，在擅长的领域推动多维度自主创

新，除了技术、装备制造、研发设计创新之外，生产管理理念、管理制度、商业模式思维、行业标准、品牌建设及合作模式的创新也在其列。国有企业要培育以我国企业为主导的行业创新体系及国家价值链，促进优势企业利用创新、标准、专利等优势开展对外直接投资和海外并购，有效整合全球资源形成全球生产网络的治理能力，加快向具有国际竞争力的跨国公司转变。我国国有能源企业在煤炭清洁利用、油气勘探开发、核电、可再生能源、特高压输电等方面的技术已达到或接近国际先进水平。国有能源企业在参与"一带一路"沿线国家和地区的能源项目投资、建设与运营的过程中，充分发挥我国能源企业在能源技术与装备创新方面的优势，积极助力沿线发展中国家能源供给向高效、清洁、多元化方向加速转型，帮助"一带一路"沿线发展中国家提升能源开发利用技术水平。同时，也推动我国能源新技术新装备的推广应用与经验总结，进一步做好全球能源技术创新的引领者。

二是优化全球产业链布局。国有企业要用好两个市场两种资源，最吸引全球高端要素、先进技术和各类资源为我所用，深化和拓展与科技强国的产业技术合作交流，深度参与全球供应链，不断提升全球产业链控制力和主导能力，塑造以中国制造、中国创造为关键技术谱系的国际生产体系。当前，全球产业链出现一定程度松动，国有企业不仅要继续深化国际产能合作，而且更要在此基础上将其与国内价值链相互衔接，在沿线国家积极引入国内价值链上本土龙头企业的品牌和标准。在经济全球化横向分工的区域化集聚趋势中，应以更加开放的理念和态度，基于"一带一路"建设加快布局"以我为主"的区域产业链体系。国有企业应更加积极地参与国际标准及贸易规则的制定和推广工作，依托技术优势和创新实践，加强国内外市场规则相融合，打破技术壁垒的限制。进一步推进与"一带一路"国家行业标准协同及贸易规则的互认、对接和合作，积极参与国际组织工作，深化国际交流与合作，增强国有企业在全球经济中的话语权和影响力。

三是创新对外开放合作模式。国有企业应进一步创新企业的合作模式，例如在东道国的合作导向从产品、劳务、资本输出转向具有战略优势的产业协同，以产业链升级、价值链重构等方式充分促进国企与当地企业差异化优势的渗透融合，达到促进沿线国家的产业升级的目的。从落地方式上，可采用建设一批高起点高标准产业园区，以产业园区为平台，转向产业链、价值链协同及"服务"输出。从合作内容上，一方面，在国际产能及制造业等传统领域加强合作，另一方面，在战略性、前瞻性产业和高科技领域开展更多务实合作，共同培育新产业新业态新模式，为持续发展注入活力。第三方市场合作方面，要进一步扩大合作范围实现优势互补、多方共赢。在民生合作方面，国有企业应更加注重帮助所在国提升自主发展能力，秉承"一带一路"倡议中"以人为本"的理念，更加注重改善当地民生和就业，努力实施更多的雪中送炭、急对方之所急、能够让老百姓受益的民生工程，不断改善当地经济社会发展条件，充分考虑与照顾东道国的重大关切与利益诉求，增进民生福祉，筑牢夯实国有企业国际化经营的"民生基础"。

四是多维度提升国有企业海外影响力。国有企业作为中国企业走出海外的排头兵和主力军，应当将提升海外影响力，互联网大数据时代，尤其应当将海外数字影响力提升至战略高度，加深融入国际环境，提升国际影响力，进而培育国际驱动力、领导力，真正实现国内大循环与国际大循环相互促进。构建数字影响力评价指标体系。国有企业可以统筹对外合作、新闻传播、品牌管理及公关部门，建立专门的海外数字影响力管理团队，构建跨部门协调机制，协调各部门力量共同制订具有国别和本地化特征的影响力评价实施方案，成立危机公关和舆情监测处置部门，抢占危机事件的舆论主动权，快速制定措施提升危机公关水平。国有企业对外合作方面，建议以开放态度与当地政府、非政府组织、所在国媒体、网络意见领袖及专家学者、其他利益相关方等进行常态化的交流探索，搭建好话语同盟，并积极发挥国有企业的带动效应，形成凝聚力量。

五是坚持分类施策与引导。做好对国有企业国际发展的管理和监督工作，引导其规范地从事经营活动，科学制定和出台相关法律文件，为国有企业国际化经营提供制度保障。做好精准高效的制度设计，是确保一切方案顺利推进的坚强保障。必须加快构建"双循环"新发展格局中"以内促外"的制度体系。要加快"双循环"新发展格局中"以内促外"的顶层设计，通过吸收国内外相关专家形成专业团队，开展广泛的国际调研分析，借鉴国内外先进经验，制定符合中国特色社会主义发展理念的制度体系，对未来发展目标进行顶层设计及规划。有利于国有企业基于"走出去"战略及"一带一路"共建，推进"双循环"新发展格局中"以内促外"的良好局面。在制定制度体系过程中要注意聚焦企业所在地区与企业性质的差异，坚持原则性引导与分类施策。我国国有企业"走出去"及"一带一路"共建涉及市场、产业等各个微观领域，这些领域都要进行良好的政策制度设计，确保这一新发展格局能够向纵深推进，取得实效，如"一带一路"沿线产业价值链如何建构，如何在建构中能够更好地维护沿线各国经济权益、体现各国产业特色等均应进行政策设计，同时，对于沿线的贫困治理、绿色发展等问题，也应充分考量。

第七章

国有企业推进共同富裕使命

共同富裕是社会主义的本质要求，也是社会主义现代化的重要目标。党的十九大报告明确提出，我国到 2035 年全体人民共同富裕迈出坚实步伐，到 21 世纪中叶全体人民共同富裕基本实现。党的十九届五中全会在 2035 年基本实现社会主义现代化远景目标中提出的"全体人民共同富裕取得更为明显的实质性进展"。当前我国发展不平衡不充分问题仍然突出，城乡区域发展和收入分配差距较大，特别是高收入群体与低收入群体之间的收入水平在逐渐加大，收入差距过大问题的负面作用已逐渐显现。促进全体人民共同富裕是一项长期任务，需要久久为功；这也是一项系统工程，需要全社会多方参与、共同努力。国有企业由于其独特性质，将能够在实现共同富裕的过程中发挥不可替代的作用。

第一节 国有企业在完善国民收入
分配体系中的作用

在构建新发展格局的过程中，国有企业应积极思考如何更好完善收入分配体系，健全国有企业内部激励分配机制，合理参与社会收入再分配体系，在正确处理国家、企业和个人之间的分配关系上形成国企样板，为实现共同富裕贡献积极力量，相关国资国企监管机制应充分适应这方面的要求。

国民收入分配最终格局的实现，经历了初次分配、二次分配和三次分配三个环节，我们后续部分按照三个分配环节，分别阐述国有企业在促进形成更加完善的收入分配体系中的作用机制，分析框架见图7-1。

第一，国有企业可以通过三个途径完善国民收入初次分配。首先，当前我国初次分配面临的主要问题之一是劳动收入份额过低，而国有企业对改善劳动收入份额有两方面作用：(1) 国有经济是国民经济的主体，国有企业的劳动收入份额对经济整体的劳动收入份额有着直接影响；(2) 当生产要素可以自由流动时，国有企业的工资水平能为民营企业提供参照系，因而可以间接改变民营企业的劳动收入份额。其次，国有企业通过扩展供应链、开拓新市场、布局新产业、培育劳动力等途径，可以提高就业市场容量，增强就业市场活力。以上两个途径，都有助于扩大中等收入群体规模。再次，国有企业内部也

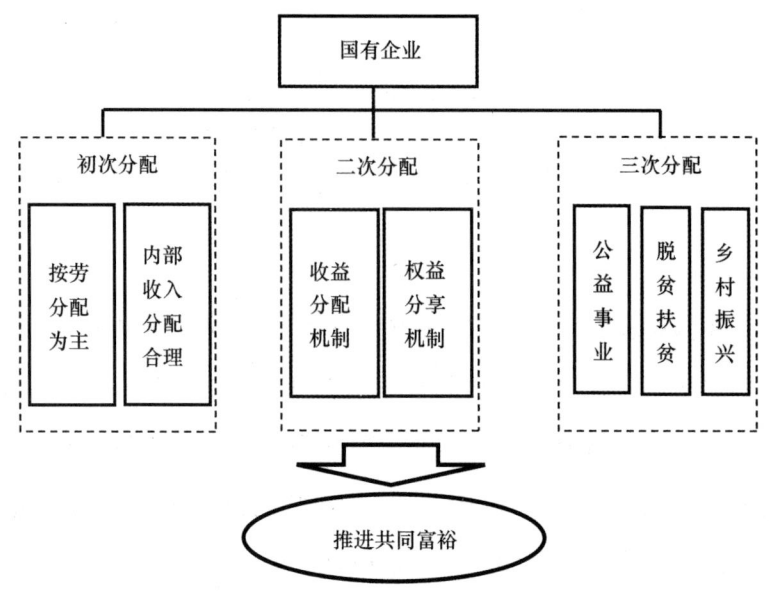

图 7 - 1　国有企业促进共同富裕的作用机制

存在明显的收入差距和薪酬激励机制不完善等问题，通过改革国有企业高管薪酬制度，处理好按劳分配和按要素分配的关系，可以进一步完善国有企业收入分配正向激励机制，保证在做强做优做大国有企业的基础上，调节国有企业内部收入分配。一是大幅提高劳动者尤其是一线职工报酬的占比；二是坚持工资增长与劳动生产率、企业利润、高管薪酬"三挂钩"，从制度上保障职工工资收入的动态、同步增长；三是确保国有企业中的各类职工足额、按时交齐"五险一金"，落实好同工同酬。通过上述调整，可以为本地区职工工薪收入树立重要标杆，推动相关企业薪酬的升降，将城乡居民收入差距缩小到合理范围，让更多的人更多地享受到改革发展的成果。

　　第二，国有企业的利润再分配对于调节国民经济收入分配有重要作用。一方面，通过利润分配机制，国有企业通过缴纳税收或上缴利润，直接丰裕了国家财政，可用于提高低收入者收入水平；另一方面，通过权益分享机制，国有企业保留利润成为国有资本权益，这既可以直接提高全民福利（因为国有资本归全民所有），也可以通过国有资本划转，直接用于民生领域（如社保基金），进而调节收入差距。此外，国有企业上缴利润作为国有经营资本支出的资金来源，或者保留利润用于扩大再生产，都有利于国有企业进一步提高竞争力，增加未来利润并改善长期收入分配。

第三，国有企业在完善三次收入分配中发挥重要作用。党的十九届四中全会通过的《中共中央关于坚持和完善中国特色社会主义制度　推进国家治理体系和治理能力现代化若干重大问题的决定》指出，"重视发挥第三次分配作用，发展慈善等社会公益事业"①，这是党中央首次明确以第三次分配为收入分配制度体系的重要组成。国有企业除了通过企业经济运行来扩大中等收入群体、调节收入分配，还通过扶贫解困、公益慈善、志愿行动等方式等渠道参与国民收入分配。

第二节　优化国有企业内部收入分配

企业内部收入分配是国民收入初次分配的重要表现形式。

---

① 《中共中央关于坚持和完善中国特色社会主义制度　推进国家治理体系和治理能力现代化若干重大问题的决定》，《人民日报》2019 年 11 月 6 日。

企业高管与员工之间合理的薪酬差距能够激发员工劳动积极性、激发职业经理人充分发挥管理才能，从而促进公司绩效提升，[①] 并提升经济总量和国民整体收入水平。然而，过大的薪酬差距将使得员工通过对比产生不公平感，降低工作效率与企业经营绩效，[②] 从而造成显著的 GDP 损失。[③]

一 国有企业内部分配现状

国有企业高管薪酬政策体现了不同时期国家对企业收入分配的效率与公平权衡问题的有针对性的指导意见。从 1986 年《关于深化企业改革增强企业活力的若干规定》的发布一直到 2006 年 9 月《国有控股上市公司（境内）实施股权激励试行办法》的下发，在此过程中国有企业高管薪酬的管制不断放松，出现了高管薪酬逐渐与企业业绩脱钩，以及高管薪酬与普通职工的薪酬差距越来越大的现象，并在 2007 年前后相继曝出了高管天价薪酬问题，例如，2007 年伊利的净利润不能覆

① Jensen, M. C. and Murphy, K. J., 1990, "CEO Incentives-It's Not How Much You Pay, but How", *Harv Bus Rev*, 68 (3): 138 – 149. Su, L., 2012, "Managerial Compensation Structure and Firm Performance in Chinese PLCs", *Asian Business & Management*, 11 (2): 171 – 193. 胥佚萱：《企业内部薪酬差距、经营业绩与公司治理——来自中国上市公司的经验证据》，《山西财经大学学报》2010 年第 7 期。项慧玲：《独立董事海外背景、内部薪酬差距与企业绩效》，《华东经济管理》2019 年第 10 期。王玉霞、王浩然、张容芳：《上市公司薪酬差距对公司绩效的影响——基于股权集中度的中介效应》，《经济问题》2021 年第 3 期。

② Carpenter, M. A. and Sanders, W. G., 2004, "The Effects of Top Management Team Pay and Firm Internationalization On MNC Performance", *Journal of Management*, 30 (4): 509 – 528. Fredrickson, J. W., Davis-Blake, A. and Sanders, W. G., 2010, "Sharing the Wealth: Social Comparisons and Pay Dispersion in the CEO's Top Team", *Strategic Management Journal*, 31 (10): 1031 – 1053. 张正堂：《企业内部薪酬差距对组织未来绩效影响的实证研究》，《会计研究》2008 年第 9 期。刘张发、田存志、张潇：《国有企业内部薪酬差距影响生产效率吗》，《经济学动态》2017 年第 11 期。

③ 袁堂梅：《高管薪酬差距与 GDP 损失》，《宏观经济研究》2020 年第 11 期。

盖公司股权激励费用，等等。在 2008 年的金融危机后，众多公司的高管薪酬不降反升更是进一步刺激了公众的神经。之后，2009 年 9 月《关于进一步规范中央企业负责人薪酬管理的指导意见》下发，对高管薪酬的管制开始逐步收紧，指导意见中规定央企高管的薪酬应当与上一年度在岗职工的平均工资相挂钩，并且二者之间的倍数不能超过 20。

数据显示我国企业内部高管—员工薪酬差距也展现出了先扩大后缩小并在近年来有再次扩大的趋势。图 7-2 展示了 2003—2020 年国有企业与非国有企业前三位高管平均薪酬与员工平均薪酬的比值，图形显示，国有企业内部高管员工薪酬差距在绝大多数时期均低于非国有企业，展现出国有企业在企业内部收入分配公平上的示范引导作用。

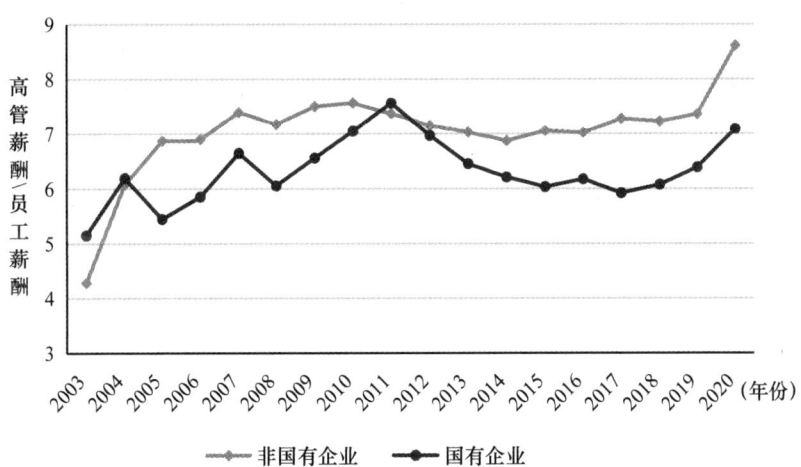

图 7-2　国有企业与非国有企业高管—员工薪酬差距对比

注：根据 2003—2020 年 CSMAR 企业研究数据库计算。

表 7 - 1 报告了 2003—2020 年各年份国有企业与非国有企业内部高管—员工薪酬差距的差值与 T 检验 p 值。结果显示，2003—2020 年，国有企业高管—员工薪酬差距在 13 个样本期间（年）均显著低于非国有企业，进一步印证了国有企业在企业内部收入分配公平上的示范引导作用。

表 7 - 2 　　国有企业与非国有企业：高管—员工薪酬差距

年份	国有企业与非国有企业	p 值	观测值
2003	0.874	(0.512)	45
2004	0.116	(0.952)	27
2005	- 1.423 ***	(0.000)	1229
2006	- 1.044 ***	(0.001)	1291
2007	- 0.744 **	(0.032)	1421
2008	- 1.119 ***	(0.000)	1492
2009	- 0.939 **	(0.011)	1595
2010	- 0.517	(0.159)	1950
2011	0.194	(0.605)	2203
2012	- 0.182	(0.591)	2359
2013	- 0.577	(0.103)	2389
2014	- 0.662 *	(0.055)	2494
2015	- 1.022 ***	(0.005)	2667
2016	- 0.846 **	(0.011)	2948
2017	- 1.354 ***	(0.000)	3308
2018	- 1.151 ***	(0.001)	3377
2019	- 0.971 ***	(0.009)	3524
2020	- 1.525 **	(0.016)	1559

注：* $p<0.1$，** $p<0.05$，*** $p<0.01$。

资料来源：根据 2003—2020 年 CSMAR 企业研究数据库计算。

改革开放以来，中央管理企业负责人薪酬制度改革取得积极成效，对促进企业改革发展发挥了重要作用，同时也存在薪酬结构不尽合理、薪酬监管体制不够健全等问题。要从我国社会主义初级阶段基本国情出发，适应国有资产管理体制和国有企业改革进程，逐步规范国有企业收入分配秩序，实现薪酬水平适当、结构合理、管理规范、监督有效，对不合理的偏高、过高收入进行调整。中央企业负责同志肩负着搞好国有企业、壮大国有经济的使命，要强化担当意识、责任意识、奉献意识，正确对待、积极支持这项改革。2021年1月19日，国务院国有企业改革领导小组办公室印发《"双百企业"和"科改示范企业"超额利润分享机制操作指引》（以下简称《指引》），旨在增强国有企业内部激励并规定企业高级管理人员岗位合计所获得的超额利润分享比例一般不超过超额利润分享额的30%。《指引》的颁布表现了国家积极引导激发国有企业内部活力的同时，引导其发挥在促进企业内部收入分配公平中的示范带头作用。

二 规范国企高管薪酬，健全内部激励分配机制

国有企业高管薪酬问题具有独特性，是引起社会普遍关注的一个重要问题。纵观西方国家的发展历程，高管薪酬的快速上涨是拉大收入差距的重要因素，也是饱受社会诟病的一个现象。法国知名经济学家皮凯蒂将高管薪酬激增的现象称为"超级经理人崛起"，并认为这是所有英语国家近几十年来收入不平等扩大的首要原因。[①] 我国社会主义市场经济发展的历程与

———————

① ［法］托马斯·皮凯蒂：《21世纪资本论》，中信出版社2015年版，第322页。

西方国家有很大区别，国有企业发展模式从计划经济体制转向市场经济体制，国有企业高管薪酬也逐渐向市场化方向改革。不过，对于国企高管薪酬的认识仍存在许多争论，国有企业高管薪酬的制定和监管历经数次改革，仍未取得满意的效果。我们认为，合理地规范国有企业高管薪酬，是国有企业更好发挥其在国民收入分配体系中作用、促进实现共同富裕的重要切入点。

公有制是实施按劳分配的前提条件，只有在公有制经济中才有实施按劳分配的可能。那么，作为中国特色社会主义"顶梁柱"的国有企业，其内部的分配方式必然以按劳分配为主，才能使得在全社会范围内按劳分配是一种处于主体地位的分配制度。如果国有企业中的分配方式不以按劳分配为主体，那么在全社会内就难以实现社会主义初级阶段基本分配制度的要求。国有企业高管薪酬问题在理论上所要解决的一个关键环节就在于，如何在国有企业高管薪酬的制定中充分体现按劳分配的原则。我们认为应从以下几点原则出发，系统认识国有企业高管薪酬问题，并制定相应的规范国有企业高管薪酬的政策体系。①

一是国有企业高管付出的劳动是一种管理劳动。这是我们理解国有企业高管薪酬的根本出发点。管理劳动是社会生产过程中不可或缺的组成要素，是共同的劳动过程的必要环节。随着生产复杂程度不断提高，企业生产过程中的管理职能逐渐交

---

① 张弛：《国有企业高管薪酬研究的理论探索》，《学习与探索》2021年第5期。

由企业的一般管理人员来执行。国有企业高管作为企业的管理者，在企业中行使管理职能，需要组织、协调、规划企业的生产经营活动，付出的也是管理劳动。这是一种明显区别于其他劳动形式的劳动，具有特殊的劳动内容，需要经过专业的训练和积累特殊的经验才能够获得；这也是一种更为复杂的劳动形式，相比于简单劳动来说能够创造更多的价值。改革开放以来，国有企业通过不断改革适应了社会主义市场经济体制，形成了中国特色现代国有企业制度，这使得国有企业高管付出管理劳动的内容与其他形式企业的高管基本不存在差异。前文提到的研究已表明，随着企业规模不断扩大，企业组织形式日趋复杂，管理企业生产经营所需要的知识和技能水平也在不断提高，这意味着管理劳动的复杂程度也在增加。

一些学者认为国企高管的选拔任命方式具有特殊性，将国企高管分为国家雇员和企业雇员两大类①，前者由政府任命，被称为"行政高管"②，应按照类似公务员的标准来制定薪酬，后者则完全遵循一般企业的薪酬制度。不过，高管的任命与选拔是先于高管在企业中付出具体的管理劳动的，而高管薪酬是其管理劳动的报酬，事前的高管任命方式并不能直接影响国企高管付出管理劳动的特征和数量，也就不能够解释高管薪酬的特征和数量。高管管理劳动的特点是由企业的规模、企业所处的行业、企业的组织架构等方面来决定的，而与高管任命选拔

---

① 金碚：《国企高管究竟该拿多少钱》，《人民日报》2014 年 8 月 21 日。
② 宋晶、孟德芳：《国有企业高管薪酬制度改革路径研究》，《管理世界》2012 年第 2 期。

的方式无关，那么从高管任命选拔方式出发理解高管薪酬便混淆了决定高管薪酬的真正原因。因此，应该充分认识到国有企业高管付出管理劳动的特点，从给予管理劳动合理报偿的角度出发制定国有企业高管薪酬体系。

二是国有企业高管薪酬在数量上应坚持按劳分配原则。在企业成为自主经营、自负盈亏的独立法人的市场经济中，按劳分配原则实践的基本单位是企业，同一水平的按劳分配，只能在一个核算单位内部出现。[①] 在实行按劳分配的过程中，应充分尊重市场经济规律，将市场化薪酬水平作为判断国企高管薪酬数量合理性的重要依据。在社会主义市场经济中，国企高管的薪酬也会受到市场规律支配。劳动力商品的价格是由其价值决定的，而其价值决定取决于再生产劳动力商品所需的价值量。再生产一种劳动力商品所需要的价值越高，很大程度上是因为再生产这种劳动力商品时的培训和学习费用较高，自然这种劳动力商品中蕴含的劳动能力更高。因此，不同劳动力商品之间价格的差异，在一定程度上能够反映出其在生产过程中作用的差异，反映出复杂劳动转化为简单劳动的倍数，这就为衡量高管薪酬的高低水平提供了一个可供参考的标准。在竞争较为充分的市场环境中，如果低于市场化薪酬水平过多，则说明高管获得的薪酬无法满足能够付出这种管理劳动的劳动力商品的再生产，影响高管的正常生活水平，严重阻碍高管进行生产

---

① 张问敏、晓亮、练岑：《评建国以来按劳分配理论问题的讨论二》，《东岳论丛》1981 年第 6 期。

活动的积极性，容易引发人才流失。

因此，合理的国有企业高管薪酬水平应该是具有市场竞争力的，特别是对处于竞争性行业的国企高管来说。[①] 不过，有学者指出国有企业特别是央企高管有晋升到政府官员序列的机会，将控制权作为国有企业企业家的一种重要激励约束因素；或者以"准官员"来概括央企高管的主要特征，指出"政治晋升"激励能够明显降低央企高管的薪酬水平。需要指出的是，随着国有企业改革不断深化，其市场化经营水平不断提高，能够升任到政府机关的机会仅存在于极少数央企高管，内部升职不应算作"政治晋升"，因此这种极为特殊的情况不能够作为判断国有企业高管薪酬总体情况的标准。将"政治晋升"作为激励方式，从而降低国有企业高管货币薪酬的方式，实际上是对国有企业高管获得合理薪酬的一种扭曲。

三是国有企业高管薪酬体系应以利于国有企业的生产发展为指向。国有企业高管付出管理劳动与其在企业内部的特殊权利是一枚硬币的正反面，是相伴相生的。企业高管具有付出管理劳动的能力，是由于他拥有排他性的知识、技能和经验，能够领导、组织、监督生产经营，这个过程也是企业高管行使权力的过程。企业内部的组织机制运行都会受到高管的权力影响，难以从内部监督和制衡高管的行为，如果高管仅从最大化自身利益的目的出发行使权力，则会严重伤害企业的生产

---

① 张弛：《竞争性行业中的国企高管薪酬制度应坚持市场化原则》，《政治经济学评论》2015 年第 6 期。

发展。

那么，保证国有企业高管薪酬合理性的一个重要问题在于，如何通过一种适当的组织机制来监督制约高管在企业内部的权力，避免高管从自身利益出发影响薪酬总量的确定和薪酬体系的制定，使得高管薪酬能够促进国有企业生产发展。在我们看来，通过发挥中国特色现代国有企业制度的独特优势，能够有效避免国外高管薪酬实践中的负面问题。首先，通过外部的监督机制规范国有企业高管薪酬制度。国资委作为国有企业的监督管理单位，具有较为完善的针对国企高管的考核评价体系。党组织也是约束国有企业高管的重要机制，上级机关党组织或者所在地方的党组织能够对国企高管实施监督和评价，党纪比国法更加严格，并且组织体系更为完善[①]，可以有效规范国有企业高管薪酬，确保薪酬体系有利于国有企业生产发展。其次，通过国有企业职工董事制衡企业内部分配。国有企业董事会中已经形成了较为成熟的职工董事制度，可以审定企业内部薪酬方案，防止高管获得超额薪酬，促进企业内部分配公平合理。最后，高管股权激励模式应更符合国有企业性质。股权激励的滥用是美国等国家的企业高管薪酬暴涨的主要因素，严重阻碍企业长期发展创新。我国国有企业是全民所有制企业，高管股权激励可以采用持股委员会的形式，持股委员会具有一定的集体所有制性质，高管获得分红权和股份增值份额，但股

---

① 张弛：《为什么中国特色现代国有企业制度"特"在党组织？》，《红旗文稿》2017年第6期。

份的流通时间、对象和方式应严格限制，这样既能够有效限制股权激励使用的负面效果，也能够在一定程度上保证公有制属性，与国有企业的社会主义性质不冲突。

四是国有企业高管薪酬问题具有社会属性，应认识到国有企业高管薪酬与社会因素的相互影响。国有企业高管薪酬不仅仅是一个企业内部分配问题，也受社会规范和社会心理的影响。国有企业在我国具有特殊地位，改革开放前的国有企业制度与现在完全不同；改革开放后，经过了多年的改革发展才逐渐形成现阶段较为成熟的中国特色现代国有企业制度。在较短时间内国有企业改革经过多次重大调整，这使得国有企业本身的变化与社会公众对于国有企业认知的变化常常存在脱节、滞后的现象。这表现为许多社会公众对国有企业的认知是矛盾的，比如一方面要求国有企业是独立的市场经营主体，平等参与市场竞争，要素价格与市场接轨；另一方面又认为国有企业高管是为国家打工，应该获得更低的薪酬，不应获得市场认可的高薪。国有企业高管薪酬经常成为社会关注的热点问题，很大程度是由于这种矛盾的存在。

因此，我们要承认"历史和道德"等社会因素对国有企业高管薪酬的影响，并认识到这种社会因素变化的长期性，从有利于国有企业发展的角度出发，有针对性地制定相关措施。首先，应充分尊重当前阶段社会公众对于国有企业高管薪酬的认识和期待，虽然在许多行业中国有企业的规模处于领先地位，国有企业高管付出的管理劳动质量和数量更多，但国有企业高管薪酬不能成为行业中最高薪酬的代表，否则将会引发公众强

烈的质疑情绪。其次，国有企业和相关主管部门要积极主动引
导社会舆论，影响社会公众认知，充分宣传国有企业的发展成
就和市场化运行机制，让社会认可国有企业高管的管理能力和
水平，提升社会公众对于国有企业高管获得薪酬数量的心理阈
值，从而能够为有效激励国有企业高管争取足够的薪酬变动空
间，为国有企业健康发展吸引优秀管理人才。

第三节　改善国有企业参与
二次分配的机制

国有企业可以通过利润分配的不同方式，参与到整个社会
的二次分配之中。改革开放以来，我国国有企业经历了企业基
金制度、利润留成制度、利改税、分税制、分类上缴等一系列
改革，利润分配规则由全额上缴利润逐步过渡为不需上缴利
润，在 2007 年后改为分类上缴制。

一　国有企业收益分配机制和权益分享机制

从国有企业利润的分配方式来看，国有企业参与二次分配
的机制可以分为：收益分配机制和权益分享机制。收益分配机
制包括：缴纳企业所得税，增加财政收入，为政府收入再分配
政策提供资金来源；上缴利润或分配股息红利，增加国有资本
经营收入，为国有资本经营支出提供资金来源，并进一步增加
财政收入，提供政府再分配资金来源；民生保障性国有企业的
利润让渡——对保障性物品实行特殊定价机制和投入决策机

制，降低基本生活用品的价格波动，提高低收入居民的实际收入购买力。权益分享机制包括：保留利润进入国有资本权益，增加全民国有资本福利水平；国有资本的使用——直接划转国有资本至社会保障部门，实现国有利润直接保障民生的作用。

（一）缴纳税收。我国企业所得税的标准税率为 25%，另外还有多档低税率和其他类型税收优惠。而根据全国国有及国有控股企业经济运行情况，2018—2020 年国有企业利润总额每年平均 34687 亿元，利润总额与净利润之间的差额为 9443 亿元/年，后者占利润总额的比例超过 27%，这其中主要为企业所得税。通过对比上市公司 2003—2019 年企业平均有效企业所得税率（企业应缴所得税/企业利润总额）的变化情况，国有企业的平均所得税率始终高于非国有企业约 3 个百分点。除了企业所得税之外，国有企业生产经营过程中还需要根据其应税行为缴纳其他税费，这些税费进入中央或地方财政收入，是国家进行收入再分配的重要资金来源。国有企业应缴税费总额占国家财政收入的比重约为四分之一，为我国的低保、扶贫、农业补贴、社会保障等再分配政策的实施提供了重要的资金来源。

（二）上缴利润或分配股息红利。2007 年国务院印发《关于试行国有资本经营预算的意见》，建立国有资本经营预算制度，明确规定，国有资本经营预算的收入是指各级人民政府及其部门、机构履行出资人职责的企业（即一级企业，下同）上缴的国有资本收益，主要包括：国有独资企业按规定上缴国家的利润；国有控股、参股企业国有股权（股份）获得的股利、股息；企业国有产权（含国有股份）转让收入；国有独资企业清算收入（扣除清算费用），以及国有控股、参股企业国有股权（股份）分享的公司清算收入（扣除清算费用）；其他收入。其后财政部、国资委印发《中央企业国有资本收益收取管理暂行办法》，各省分别印发省级国有资本收益收缴管理办法，实现了国有独资企业分类上缴利润、国有控股参股企业派发股息红利、国有企业产权转让或清算分别取得相应收入的国有资本收益格局。国有资本经营收入中最主要的份额是利润收入，即独资国企上缴利润；其次是股利、股息收入，主要来自国有控股参股企业的贴息分红，这二者的和占全部国有资本经营收入的比重多数年份超过80%。这二者的征收基础相同，即国家作为国有资本所有者的身份，二者的来源也相同，为企业的净利润分红，因此具有相似的性质和影响。

国有资本经营收益的主要用途包括调入一般公共预算和国有资本经营支出两部分，其中调入一般公共预算比例逐年提高，在2020年超过30%，在减轻财政压力、促进政府再分配功能方面起到了显著的作用；国有资本经营支出部分，包括国有资本经营预算补充社保基金支出、解决历史遗留问题及改革成本支出、国有企业资本金注入、国有企业政策性补贴、金融国有资本经营预算支出和其他国有资本经营预算支出，主要目标是促进国企竞争力，进一步增强国有企业盈利能力。

（三）民生保障性国有企业的生产经营。民生保障国企可以执行部分政府职能，不必以利润最大化作为其最主要的生产目标，进而其产品定价机制和生产决策机制都与市场决策不同。民生保障性国有企业多提供与居民基本生活息息相关的民生用品，例如水电煤、油粮棉、交通医疗等物品，当企业降低此类物品价格时，低收入家庭的实际购买力增加，成为收益最大的人群。因而民生产品价格的降低将显著减少实际收入差距。民生保障性企业的支出执行了部分政府职能，降低了财政支出压力，增加财政再分配资金。这些国有企业通过降低收入和增加支出的方式挤出自身的超额利润，让渡部分利润水平给全社会，增加了全社会福利水平，改善了实际收入分配水平。

（四）保留利润。国有企业缴税及上缴利润后的未分配利润，直接增加国有资本权益，将从以下三个角度调节收入分配：国有资本属于全民所有，当国有资本权益增加时，作为国有资本的所有人，全民的权益水平都有增加，全社会福利水平增加。保留利润作为企业自有资金，可直接用于公益事业，进行慈善支出或扶贫支出，增加低收入者的收入水平。保留利润用于企业扩大再生产，增加企业总资产，增加未来的企业利润水平。理论上国有企业保留利润对企业盈利能力的影响存在两个途径，一是保留利润直接增加企业总资本，扩大再生产可带来未来利润的直接增加，二是保留利润可以促进企业管理者的经营积极性，促进企业以利润最大化作为自身目标，改善经营效率，这一点在20世纪80年代的国企改革中得到了充分的体验。

（五）资本的划转和使用。国有资本属于全民所有，当关乎全民福利水平的政策项目出现资金需求时，划转和使用国有资本是有效且合理的筹资手段。由于划转的资本金包括以往保留利润的累计数额，而划转后主要的资金来源依然是利润收入。主要的应用实例是我国划转部分国有资本充实社保基金的实践。2017 年，国务院印发《划转部分国有资本充实社保基金实施方案》，规定中央和地方国有及国有控股大中型企业、金融机构划转企业国有股权的 10% 充实社保基金，使全体人民共享国有企业发展成果，增进民生福祉，促进改革和完善基本养老保险制度，实现代际公平，增强制度的可持续性。

截至 2020 年年末，符合条件的中央企业和中央金融机构划转工作全面完成，共划转 93 家中央企业和中央金融机构国有资本总额 1.68 万亿元，占国企权益总额的 10%。地方国企划转工作正在进行中。[①] 国有资本划转社保基金，是我国国有资本直接参与收入分配和社会保障的重要实践，已达到弥补因实施视同缴费年限政策形成的企业职工基本养老保险基金缺口，促进建立更加公平、更可持续的养老保险制度，使全体人民共享国有企业发展成果。

二 完善国有企业参与二次分配的举措

（一）适当提高国有资本收益的上缴比例

现阶段，我国国有企业利润收取比例低于很多其他国家，也低于上市公司分红的惯例，其中中央企业的上缴比例低于地方企业。中央企业多为大型垄断性企业，多数享受到了较多的政策红利，除了与民生直接相关的行业外，其他中央企业应进

---

① 《中央层面划转部分国资充实社保基金完成 共划转国有资本总额 1.68 万亿元》，http://www.gov.cn/xinwen/2021 - 01/13/content_ 5579333.htm，2021 - 01 - 13。

一步提高上缴比例。国有资本经营收益上缴财政比例，在近几年逐年提高，2020年已超过30%，但从总体而言，其上缴比例仍有进一步提高的空间，主要是因为国有资本经营收入的上涨空间较大，而国有资本经营支出并非刚性，应尽量实现收支两条线，避免以收定支的情况。提高国有资本收益的上缴财政比例，让国有资本经营收益更多更公平地惠及全体人民，有助于增强广大人民群众的获得感和幸福感，促进人的全面发展，实现全体人民共同富裕，推进社会主义现代化强国建设。国有企业利润全民共享，是社会主义市场经济体制的重要优势和特色之一，充分彰显了中国特色社会主义的独特优越性。

（二）探索国有企业权益实现共享的机制

国有企业利润实现共享的最终形式是全民分红，既能够体现国企的全民所有制属性，又能公平分配，提高社会福利，甚至能培养居民的"所有者身份"意识，促进居民对国有企业经营的监督。不过在当前发展阶段，进行国有企业利润全民分红并不现实，国有企业仍需要将资本投入到对实现社会主义现代化目标更为重要的领域。在这种情况下，可以通过多种方式探索国有企业利润实现共享的机制。例如，可以将国有资本经营支出向民生类倾斜，重点发展民生产业和民生事业，可在不划转国有资本的情况下，建立国有资本收益补充民生领域的机制，补充农村社保或其他扶贫项目，直接增加国有资本的收入分配效应。国有资本向社保基金划转的实践，为我国国有资本的使用提供了新方向，未来也可能会出现国有资本划转其他民生领域的实践。我国现阶段收入分配差距的主要来源是城乡差距和地区差距，部分沿海城市人均收入较高，城市发展水平已接近或超越部分发达国家，而中西部、东北地区广大农村地区发展不足，人均收入较低，社会保障政策还不够充分。若要改善收入差距，缩小城乡差距和地区差距是最行之有效的手段，因此，为提高我国国有企业收入分配功能，应将国有资本支出和划转政策向农村倾斜，并尽可能地实现地区统筹。

第四节　发挥好国有企业在三次分配中的功能

一是国有企业在三次分配中发挥中坚作用。2021 年 8 月 17 日，中央财经委员会第十次会议召开，议题之一是研究扎实促进共同富裕问题，"三次分配"作为调节收入分配、实现共同富裕的有效路径，成为此次会议中的一大亮点。国有企业除了在一次分配和二次分配中发挥作用以外，还可以通过扶贫解困、公益慈善、志愿行动等方式等渠道参与国民收入分配，国有企业在这些方面已经积累了许多有益的经验。正如我们前文中指出的，在精准扶贫和脱贫攻坚过程中，国有企业发挥了重要引领作用，做出了突出的贡献。推进乡村振兴是我国在取得脱贫攻坚胜利后继续向共同富裕迈进的重要一步，如果能将国有企业在脱贫攻坚中的经验总结、提炼、推广，将有助于国有企业在乡村振兴中更好地发挥支撑、引领和带动作用，并更加积极有为地促进共同富裕。国有企业还应在公益慈善等领域做出表率，积极参与公益事业，可以通过成立基金会或捐助等形式在教育、医疗、扶贫、环保等领域进行投入，协助解决社会中被忽视的棘手问题，探索适合中国国情的"三次分配"实践途径。

二是发挥国有企业在乡村振兴中的引领作用。推进乡村振兴是我国在取得脱贫攻坚胜利后继续向共同富裕迈进的重要一步。国有企业是我国取得脱贫攻坚胜利中冲锋的领头羊，随着乡村振兴工作逐步向全面化、常态化转变，国有企业需要在脱贫攻坚已形成的良好基础上，拓展思路，引领担当，以市场化为原则，多措并举，创新体制机制安排，探索促进农民创富能力、收入水平提升的长效路径，促进城乡收入均等化，推动乡村生活共同富裕。

国有企业是产业扶贫的主导力量，促进乡村资源相关产业链的完整、有序、发展，才能使产业扶贫有效转换成促进乡村振兴的长效机制。尽管头部企业在促进贫困地区融入产业链建设方面发挥了重要作用，但要实现产业链的完整有序与发展，仍然需要做好以下工作：一是国有企业的跨产业协作。即突破一家企业带动一个地区产业链发展的局面，沿产业链引入资源互补的其他国企，发挥各自优势，与头部企业（链主企业）协同助力乡村振兴。二是国有企业的跨区域协作。可依托乡村振兴资源对接平台，推进不同地区具有同一产业优势国有企业之间的协作，共同帮扶同类资源乡村地区产业建设，实现规模经济效应，降低帮扶成本。

三是积极推进国有企业与民营企业的跨所有制协作。国有企业利用其资金、品牌和经验管理优势，发挥引领、破壁的作用，民营企业在不同的产业链环节和国有企业形成有效分工，共同推进贫困地区产业发展。

合力打造扶贫产品的消费平台，提升脱贫地区产品的市场竞争力。依托现有的中央企业消费扶贫电商平台，进一步吸引各省国有企业建立地方专馆，引导所有国有企业齐力引流，搞好一个扶贫产品的电子商务平台。消费帮扶要坚持市场化和品牌化的方向，逐步帮助扶贫产品形成价格竞争力和品质竞争力，打造有效的消费扶贫长效机制。一是通过标准化、规模化和基地化生产和销售，降低生产、流通和消费过程中的各项成本，形成扶贫产品价格的市场竞争力。二是通过科技改良脱贫地区农产品的品质，开展绿色、有机、地理标志农产品认证，产品可溯源，通过平台打造区域品牌等等打造产品品质竞争力。三是通过创新农产品的深加工和开发，增加产品的附加值，借老字号或知名品牌销售。不断提高脱贫地区产品的市场竞争力，才能增强脱贫地区经济的内生增长动力。只有脱贫地区产品具有市场竞争力，搭建的线上线下销售平台才能有流量，而不至于变成展览馆。

支持国有企业成立乡村产业发展基金或乡村振兴基金，推动金融助力乡村振兴。国有企业乡村振兴基金主要发挥如下功能：一是促进研发功能。深入研究贫困地区的资源，开发出符合市场需求的特色产品是产业发展中关键步骤。设立专门的乡村振兴基金，为产业扶贫注入持续的科技力量。二是投资收益功能。鼓励将乡村振兴基金进行专项投资，为脱贫地区建设能够持续带来普惠性收益的项目，例如建设水电站、光伏发电站等，提升投资回报率，使得没有资本积累的贫困户也可以持续获得资本收益。三是培训教育功能。通过基金支持，统一协调、分类实施，开展乡村地区人力资源开发、职业技能培训，提升农民参与产业发展的技能和实用知识，或为各类企业劳动力需求提供针对性供给，实现"授人以渔"，产业有人才的支撑才能持续发展，乡村才能得以振兴。

参考文献

《马克思恩格斯选集》（第三卷），人民出版社 1995 年版。

《毛泽东文集》（第三卷），人民出版社 1991 年版。

《毛泽东文集》（第七卷），人民出版社 1999 年版。

《毛泽东文集》（第八卷），人民出版社 1999 年版。

《邓小平文选》（第二卷），人民出版社 1994 年版。

《邓小平文选》（第三卷），人民出版社 1993 年版。

习近平：《在庆祝中国共产党成立 100 周年大会上的讲话》，《人民日报》2021 年 7 月 2 日。

习近平：《把握新发展阶段，贯彻新发展理念，构建新发展格局》，《求是》2021 年第 9 期。

习近平：《在庆祝中国共产党成立 100 周年大会上的讲话》，《求是》2021 年第 14 期。

《中国共产党中央委员会关于建国以来党的若干历史问题的决议》，人民出版社 1981 年版。

《改革开放三十年重要文献选编》（上），人民出版社 2008 年版。

本书编写组：《国企改革若干问题研究》，中国经济出版社 2017 年版。

彭森、陈立等：《中国经济体制改革重大事件》（下），中国人民大学出版社 2008 年版。

陈斌开：《收入分配与中国居民消费——理论和基于中国的实证研究》，《南开经济研究》2012 年第 1 期。

陈明明：《双重逻辑交互作用中的党治与法治》，《学术月刊》2019 年第 1 期。

楚序平、周建军、周丽莎：《牢牢把握国有企业做强做优做大的改革发展方向》，《红旗文稿》2016 年第 20 期。

董志勇、李成明：《国内国际双循环新发展格局：历史溯源、逻辑阐释与政策导向》，《中共中央党校（国家行政学院）学报》2020 年第 5 期。

高培勇、袁富华、胡怀国、刘霞辉：《高质量发展的动力、机制与治理》，《经济研究》2020 年第 4 期。

何传启：《现代化科学——国家发达的科学原理》，科学出版社 2010 年版。

胡怀国：《新发展格局的内在逻辑、时代内涵与实现路径》，《山东社会科学》2021 年第 2 版。

胡绳：《从鸦片战争到五四运动》，人民出版社 2010 年版。

黄群慧：《改革开放 40 年中国的产业发展与工业化进程》，《中国工业经济》2018 年第 9 期。

黄群慧：《"十四五"时期深化中国工业化进程的重大挑战与战略选择》，《中共中央党校（国家行政学院）学报》2020

第 1 期。

黄群慧：《构建新发展格局的现代化理论逻辑》，《光明日报》
2021 年 3 月 13 日理论版。

黄群慧、陈创练：《新发展格局下需求侧管理与供给侧结构性
改革的动态协同》，《改革》2021 年第 3 期。

黄群慧、李芳芳等：《中国工业化蓝皮书（1995—2020）——
"十三五"回顾与"十四五"展望》，社会科学文献出版社
2020 年版。

黄群慧、刘学良：《新发展阶段中国经济发展关键节点的判断
和认识》，《经济学动态》2021 年第 3 期。

黄群慧、倪红福：《基于价值链理论的产业基础能力与产业链
水平提升研究》，《经济体制改革》2020 年第 5 期。

黄群慧、张弛：《新发展阶段国有企业的核心使命与重大任
务》，《国资报告》2021 年第 3 期。

黄群慧：《畅通国内大循环 构建新发展格局》，《光明日报》
2020 年 7 月 28 日。

黄群慧：《控制权作为企业家的激励约束因素：理论分析及现
实解释意义》，《经济研究》2000 年第 1 期。

黄群慧：《新发展格局的理论逻辑、战略内涵与政策体系——
基于经济现代化的视角》，《经济研究》2021 年第 4 期。

江小涓、孟丽君：《内循环为主、外循环赋能与更高水平双循
环——国际经验与中国实践》，《管理世界》2021 年第 1 期。

江小涓：《新中国对外开放 70 年》，人民出版社 2019 年版。

金碚：《国企高管究竟该拿多少钱》，《人民日报》2014 年 8 月

21 日。

景跃进、陈明明、肖滨：《当代中国政府与政治》，中国人民大
学出版社 2016 年版。

李文：《新中国改革开放前打下的坚实基础》，《当代中国史研
究》2019 年第 5 期。

刘秉镰、边杨、周密、朱俊丰：《中国区域经济发展 70 年回顾
及未来展望》，《中国工业经济》2019 年第 9 期。

刘鹤：《加快构建以国内大循环为主体、国内国际双循环相互
促进的新发展格局》，载本书编写组编著：《〈中共中央关于
制定国民经济和社会发展第十四个五年规划和二〇三五年远
景目标的建议〉辅导读本》，人民出版社 2020 年版。

刘张发、田存志、张潇：《国有企业内部薪酬差距影响生产效
率吗》，《经济学动态》2017 年第 11 期。

卢依季·L. 帕西内蒂、罗伯特·斯卡其里：《资本悖论》，载
《新帕尔格雷夫经济学大辞典（第二版）第一卷》，中译本，
经济科学出版社 2016 年版。

马敏：《现代化的"中国道路"——中国现代化历史进程的若
干思考》，《中国社会科学》2016 年第 4 期。

裴长洪、刘洪愧：《构建新发展格局科学内涵研究》，《中国工
业经济》2021 年第 6 期。

强舸：《"国有企业党委（党组）发挥领导作用"如何改变国
有企业公司治理结构？——从"个人嵌入"到"组织嵌
入"》，《经济社会体制比较》2019 年第 6 期。

［美］钱纳里等：《工业化和经济增长的比较研究》（中译

本），上海三联书店 1989 年版。

[美] 钱纳里等：《发展的格局：1950—1970》中译本，中国财政经济出版社 1989 年版。

乔治·吉利贝尔：《循环流动》，载《新帕尔格雷夫经济学大辞典（第二版）》，中译本，经济科学出版社 2016 年版。

史东辉：《后起国工业化引论——关于工业化史与工业化理论的一种考察》，上海财经大学出版社 1999 年版。

宋晶、孟德芳：《国有企业高管薪酬制度改革路径研究》，《管理世界》2012 年第 2 期。

[法] 托马斯·皮凯蒂：《21 世纪资本论》，中信出版社 2015 年版。

汪海波：《中国国有企业改革的实践进程（1997～2003 年）》，《中国经济史研究》2005 年第 3 期。

王曾、符国群、黄丹阳等：《国有企业 CEO "政治晋升"与"在职消费"关系研究》，《管理世界》2014 年第 5 期。

王国刚：《激活商业信用机制，推进国内经济大循环畅通》，《经济研究》2020 年第 12 期。

王小鲁：《中国经济增长的可持续性与制度变革》，《经济研究》2000 年第 7 期。

王一鸣：《百年大变局、高质量发展与构建新发展格局》，《管理世界》2020 年第 12 期。

王玉霞、王浩然、张容芳：《上市公司薪酬差距对公司绩效的影响——基于股权集中度的中介效应》，《经济问题》2021 年第 3 期。

魏后凯等：《城镇化和区域发展战略与政策研究》，载谢伏瞻主编《迈向新征程的中国经济社会发展》，中国社会科学出版社 2020 年版。

［美］西蒙·库兹涅茨：《各国的经济增长》，中译本，商务印书馆 1985 年版。

项慧玲：《独立董事海外背景、内部薪酬差距与企业绩效》，《华东经济管理》2019 年第 10 期。

谢伏瞻：《论新工业革命加速拓展与全球治理变革方向》，《经济研究》2019 年第 8 期。

胥佚萱：《企业内部薪酬差距、经营业绩与公司治理——来自中国上市公司的经验证据》，《山西财经大学学报》2010 年第 7 期。

姚洋、杜大伟、黄益平：《中国 2049 走向世界经济强国》，北京大学出版社 2020 年版。

张弛：《国有企业高管薪酬研究的理论探索》，《学习与探索》2021 年第 5 期。

张弛：《竞争性行业中的国企高管薪酬制度应坚持市场化原则》，《政治经济学评论》2015 年第 6 期。

张弛：《为什么中国特色现代国有企业制度"特"在党组织?》，《红旗文稿》2017 年第 6 期。

张培刚：《农业与工业化（上卷）——农业国工业化问题初探》，华中工学院出版社 1984 年版。

张平、楠玉：《改革开放 40 年中国经济增长与结构变革》，《China Economist》2018 年第 1 期。

张问敏、晓亮、练岑：《评建国以来按劳分配理论问题的讨论二》，《东岳论丛》1981 年第 6 期。

张旭、隋筱童：《中国特色社会主义现代化与新"四个全面"的历史进程及演进逻辑》，《山东社会科学》2021 年第 2 期。

张卓元：《中国价格改革三十年：成效、历程与展望》，《经济纵横》2008 年第 12 期。

张卓元：《中国经济改革的两条主线》，《中国社会科学》2018 年第 11 期。

中共中央文献研究室著，胡绳主编：《中国共产党的七十年》，中共党史出版社 1991 年版。

中国社会科学院经济研究所《中国经济报告（2020）》总报告组：《全球经济大变局、中国潜在增长率与后疫情时期高质量发展》，《经济研究》2020 年第 8 期。

Carpenter, M. A. and Sanders, W. G., 2004, "The Effects of Top Management Team Pay and Firm Internationalization On MNC Performance", *Journal of Management*, 30 (4): 509 – 528.

Fredrickson, J. W., Davis-Blake, A. and Sanders, W. G., 2010, "Sharing the Wealth: Social Comparisons and Pay Dispersion in the CEO's Top Team", *Strategic Management Journal*, 31 (10): 1031 – 1053.

Jensen, M. C. and Murphy, K. J., 1990, "CEO Incentives-It's Not How Much You Pay, but How", *Harv Bus Rev*, 68 (3): 138 – 149.

Mathews, J. A. & Cho, D. S. , 2007, *Tiger Technology: The Creation of a Semiconductor Industry in East Asia*. Cambridge University Press.

National Research Council, 2003, *Securing the Future: Regional and National Programs to Support the Semiconductor Industry*, Washington, D. C. : The National Academies Press.

Su, L. , 2012, "Managerial Compensation Structure and Firm Performance in Chinese PLCs", *Asian Business & Management*, 11 (2): 171 – 193.

后　记

本书为中国社会科学院国有经济研究智库 2020—2021 重点课题"国有企业在构建新发展格局中的作用研究"资助成果之一。

"国有企业在构建新发展格局中的作用研究"课题是由中国社会科学院经济研究所和国家能源投资集团共同承担。该课题邀请全国知名高校、科研单位的专家学者共同组成研究团队，围绕如何在构建新发展格局过程中更好发挥国有企业作用这一主题进行深入研究（课题组成员的名单附后）。

课题立项后，中国社会科学院经济研究所与国家能源投资集团等单位高效协作，积极组织推动课题各项工作，取得了丰硕的研究成果，一批学术论文发表在顶级研究期刊，多篇要报要参获得中央、部委等领导同志批示。在研究过程中，国家能源投资集团也组建了专门的研究团队，参与了课题研究工作，为课题顺利完成做出了积极贡献，这里特别表示感谢！

"国有企业与构建新发展格局"研究丛书作为本课题的重要成果，共分为五册，分别为作为总论卷的本书《新发展格局下的国有企业使命》，卷一《理解新发展格局》，卷二《国有企业与畅通经济双循环》，卷三《国有企业与建设现代产业体系》，卷四《国有企业与促进共同富裕》。本书各章初稿的具体执笔如下：第一章、第二章由黄群慧执笔；第三章由张弛执笔；第四章由张弛、贺俊等执笔；第五章由张弛执笔，吸收了吉林大学李政（现为辽宁大学教授）研究团队、中国社会科学院付敏杰研究团队的子课题成果；第六章由张弛执笔，吸收了大连外国语大学祁瑞华研究团队的子课题成果；第七章由张弛执笔，吸收了中山大学李善民研究团队的子课题成果。本书的写作提纲、书稿审阅、修改和最终定稿由黄群慧和张弛共同完成，张弛在本课题和本书写作过程中承担了大量的组织协调作用。本书各章有些内容已以学术论文方式公开发表，特此说明。

附：课题组成员名单、国家能源投资集团参与课题研究成员名单

课题组成员名单

黄群慧　中国社会科学院经济研究所所长、研究员

张　弛　中国社会科学院经济研究所助理研究员

汤铎铎　中国社会科学院经济研究所研究员

赵伟洪　中国社会科学院经济研究所副研究员

续　继　中国社会科学院经济研究所助理研究员

郭冠清　中国社会科学院经济研究所研究员

胡家勇　中国社会科学院经济研究所研究员

陈　健　中国社会科学院经济研究所副研究员

杨耀武　中国社会科学院经济研究所副研究员

黄志刚　中国社会科学院经济研究所助理研究员

刘学梅　吉林财经大学副教授

孙永强　中央民族大学副教授

邓曲恒　中国社会科学院经济研究所研究员

刘洪愧　中国社会科学院经济研究所副研究员

王　琼　中国社会科学院经济研究所副研究员

倪红福　中国社会科学院经济研究所研究员

倪江飞　中国社会科学院经济研究所博士后

田　野　湘潭大学商学院博士研究生

王文斌　中国社会科学院大学经济学院硕士研究生

林　盼　中国社会科学院经济研究所副研究员

熊昌锟　中国社会科学院经济研究所副研究员

王　瑶　中国社会科学院经济研究所副研究员

李连波　中国社会科学院经济研究所副研究员

朱　妍　上海社会科学院社会学研究所副研究员

孙　明　同济大学社会学系主任、副教授

付敏杰　中国社会科学院经济研究所副研究员

陆江源　国家发改委宏观经济研究院经济研究所副研究员

侯燕磊　国家发改委宏观经济研究院经济研究所助理研究员

李　政　吉林大学中国国有经济研究中心主任

张炳雷　吉林大学中国国有经济研究中心副教授

白津夫　吉林大学中国国有经济研究中心专家委员会主任

宋冬林　吉林大学中国特色社会主义政治经济学研究中心主任

刘　瑞　中国人民大学经济学院教授

赵儒煜　吉林大学东北亚学院教授

花秋玲　吉林大学经济学院教授

王　婷　吉林大学经济学院副教授

张东明　吉林大学中国国有经济研究中心副教授

杨思莹　吉林大学经济学院副教授

尹西明　北京理工大学军民融合发展研究中心副主任

张　旭　吉林大学经济学院博士后

王思霓　吉林大学经济学院博士研究生

陈　茜　吉林大学经济学院博士研究生

王一钦　吉林大学经济学院博士研究生

刘丰硕　吉林大学经济学院博士研究生

李善民　中山大学副校长、教授

申广军　中山大学岭南学院副教授

王彩萍　中山大学国际金融学院教授

徐　静　中山大学国际金融学院副教授

郑筱婷　暨南大学经济学院副教授

柳建华　中山大学岭南学院副教授

张　悦　中山大学国际金融学院助理教授

张一林　中山大学岭南学院副教授

姜彦君　中山大学高级金融研究院博士生

黄建烨　中山大学国际金融学院博士生

黄志宏　中山大学管理学院博士生

楠　玉　中国社会科学院经济研究所副研究员

贺　颖　中国社会科学院经济研究所助理研究员

祁瑞华　大连外国语大学语言智能研究中心教授

李琳瑛　大连外国语大学语言智能研究中心教授

梁艺多　大连外国语大学语言智能研究中心副教授

刘彩虹　大连外国语大学语言智能研究中心副教授

王　超　大连外国语大学语言智能研究中心副教授

李珊珊　大连外国语大学语言智能研究中心讲师

郭　旭　大连外国语大学语言智能研究中心讲师

于莹莹　大连外国语大学语言智能研究中心讲师

赵　静　大连外国语大学语言智能研究中心讲师

国家能源投资集团有限责任公司

刘国跃　国家能源投资集团有限责任公司董事、党组副书记、总经理

宋　畅　国家能源投资集团有限责任公司企管法律部主任

李永生　国家能源投资集团有限责任公司企管法律部副主任

苟慧智　国家能源投资集团有限责任公司综合管理部副主任

邵树峰　国家能源投资集团有限责任公司企管法律部改革处经理

　　王宏伟　国家能源投资集团有限责任公司企管法律部改革处副经理

　　史　辰　国家能源投资集团有限责任公司企管法律部改革处高级主管

　　史卜涛　龙源（北京）风电工程设计咨询有限公司设计师

国电电力发展股份有限公司

　　耿　育　国电电力发展股份有限公司党委委员、副总经理

　　刘　全　国电电力发展股份有限公司总法律顾问、企业管理与法律事务部主任

　　祁学勇　国电电力发展股份有限公司综合管理部副主任

　　刘永峰　国电电力发展股份有限公司人力资源部副主任

　　马建信　国电电力发展股份有限公司专职董监事

　　杨春燕　国电电力发展股份有限公司企业管理与法律事务部高级主管

　　孙博格　国电电力发展股份有限公司综合管理部高级主管

　　袁祎昉　国电电力发展股份有限公司国际业务部副经理

　　张京艳　国电电力发展股份有限公司国际业务部高级主管

中共国家能源集团党校

　　周忠科　中共国家能源集团党校常务副校长

　　许　晖　中共国家能源集团党校副校长

　　孙　文　中共国家能源集团党校副校长

　　张忠友　中共国家能源集团党校党建研究部主任

　　郭水文　中共国家能源集团党校研究部高级研究员

国家能源集团技术经济研究院

孙宝东　国家能源集团技术经济研究院党委书记、董事长

王雪莲　国家能源集团技术经济研究院总经理、党委副书记

李俊彪　国家能源集团技术经济研究院党委委员、副总经理

毛亚林　国家能源集团技术经济研究院科研发展部主任

毕竞悦　国家能源集团技术经济研究院宏观政策研究部副主任

李　杨　国家能源集团技术经济研究院企业战略研究部高级主管

国家能源科技环保集团股份有限公司

陈冬青　科环集团党委书记、董事长

张晓东　科环集团党委委员、副总经理、工会主席

梁　超　科环集团朗新明公司党委书记、董事长

高权升　科环集团组织人事部（人力资源部）副主任

姜媛媛　科环集团科技管理部职员

栾　智　科环集团综合管理部（党委办公室）职员

中国神华煤制油化工有限公司

闫国春　中国神华煤制油化工有限公司党委书记、董事长

王淼淼　中国神华煤制油化工有限公司工程管理部质量监督站站长

吴　江　中国神华煤制油化工有限公司企业管理与法律事务部副主任

曹伯楠　中国神华煤制油化工有限公司商务采购部副主任

李　艺　中国神华煤制油化工有限公司科技管理部副主任

国家能源集团物资有限公司

韩方运　国家能源集团物资有限公司一级业务总监

杨占兵　国家能源集团物资有限公司企业管理与法律事务部主任

张明惠　国家能源集团物资有限公司企业管理与法律事务部副主任

李　辉　国家能源集团物资有限公司组织人事部高级主管

严　蕊　国家能源集团物资有限公司企业管理与法律事务部职员

张兴华　国家能源集团物资有限公司企业管理与法律事务部职员